Motorradreise

zur

Türkischen Riviera

AF284492

Reiseverlauf

1. **Illingen bei Stuttgart**
2. **Kötschach-Mauthen** Österreich
3. **Trogir Altstadt** Kroatien
4. **Mostar Altstadt u. Brücke** Bosnien-Herzegowina
5. **Kotor Altstadt und Burg** Montenegro
6. **Leptokaria Strand und Burg** Griechenland
7. **Istanbul Weltstadt am Bosporus** Türkei
8. **Pamukkale Kalksinterterrassen, Ruinen** Türkei
9. **Lara Luxusstrand und grüner Canyon** Türkei
11. **Side Hafenstadt, Ruinen und Wasserfall** Türkei
11. **Alanya Badeort Türkische Riviera** Türkei
12. **Illingen bei Stuttgart**

Autor: Wolfgang Hans Werner Pade

Bibliografische Information der Deutschen Nationalbibliothek:
Die Deutsche Nationalbibliothek verzeichnet diese Publikation
in der Deutschen Nationalbibliografie; detaillierte bibliografische
Daten sind im Internet über http://dnb.dnb.de abrufbar.

Motorradreise

zur

Türkischen Riviera

Herstellung und Verlag:
BoD-Books on Demand, Norderstedt
ISBN: 9783754356326

Vorwort

Liebe Leser,

mein Name ist Wolfgang Pade und Reisen ist meine große Leidenschaft, bereits mit vierzehn Jahren reiste ich, mit gleichaltrigen Freunden, allein durch Europa, mit sechzehn waren alle Länder Europas und Nordafrikas mehrfach besucht.

Egal ob mit dem Zug, Bus, Auto, Motorrad, Flugzeug, Schiff, Segelboot oder Kreuzfahrtschiff, ich wollte hinaus in die Welt, um mir diese anzuschauen, es spielte für mich keine Rolle ob ich im Zelt, einem fünf Sterne Hotel oder auf einem Segelboot, bzw. Kreuzfahrtschiff nächtigte.

Erleben wie es wo anders auf der Welt zu geht, Landschaften bestaunen, Tiere beobachten und Menschen kennenlernen, so wie deren Gebräuche, Kulturen und Lebensart zu erkunden. Das faszinierte mich schon mein ganzes Leben lang, das war meine Motivation, mein Antrieb, so bereiste ich inzwischen alle Kontinente, viele ferne Länder, mit fremdartigen Kulturen, gänzlich anderen Glaubensrichtungen, anderen Lebens-einstellungen, so wie auch mit deutlich unterschiedlichen, aber interessanten Essgewohnheiten.

Inzwischen bin ich etwas älter geworden und arbeite als Ingenieur in einem großen Konzern. Seit dem sieben-undzwanzigsten Lebensjahr bin ich mit meiner Frau Silvia verheiratet, gemeinsam haben wir zwei Söhne.

Hier wird das Erlebte auf einer Motorradreise von Deutschland bis in die Türkei, aus Sicht eines Bikers, berichtet.

Die Motorradtour startet in Illingen bei Stuttgart und führt über Kötschach-Mauthen in Österreich nach Kroatien in die Altstadt von Trogir. Nach dessen Besichtigung geht es in die historische Altstadt von Mostar und zur weltberühmten Brücke der geteilten Stadt. Das nächste Etappenziel ist die Burg und die wunderschöne historische Altstadt von Kotor in Montenegro. Von dort verläuft die Fahrt auf einer langen Strecke durch Montenegro, Albanien und Mazedonien bis nach Leptokaria in Griechenland. Nach etwas Entspannung am Mittelmeer wird die Reise fortgesetzt. Weiter geht es in die türkische Weltstadt Istanbul, um dort die vielen Sehenswürdigkeiten der Stadt am Bosporus zu besichtigen. Der nächste Abschnitt führt über das Inland nach Pamukkale, um an jenem Ort die berühmten Kalksinterterrassen und Ruinen alter Zeiten zu besuchen. Nach einem schönen Abend mit der Bauchtänzerin geht die Fahrt weiter nach Lara, an das südliche Mittelmeer der Türkei, um vor Ort den Luxusstrand zu genießen und den grünen Canyon zu entdecken. Weiter verläuft die Route zur Hafenstadt Side, um die gut erhaltenen Ruinen, den historischen Hafen, so wie den schönen Wasserfall zu besichtigen. Von dort aus letztendlich an das Ziel der Reise, nach Alanya, einem wunderschönen Badeort an der Türkischen Riviera.

Dieser Reisebericht enthält 9 Farbseiten und ausführliches Kartenmaterial der durchgeführten Motorradtour.
Ich hoffe sie haben Interesse bekommen und möchten mein Buch lesen, dazu wünsche ich viel Freude.

Wolfgang Hans Werner Pade

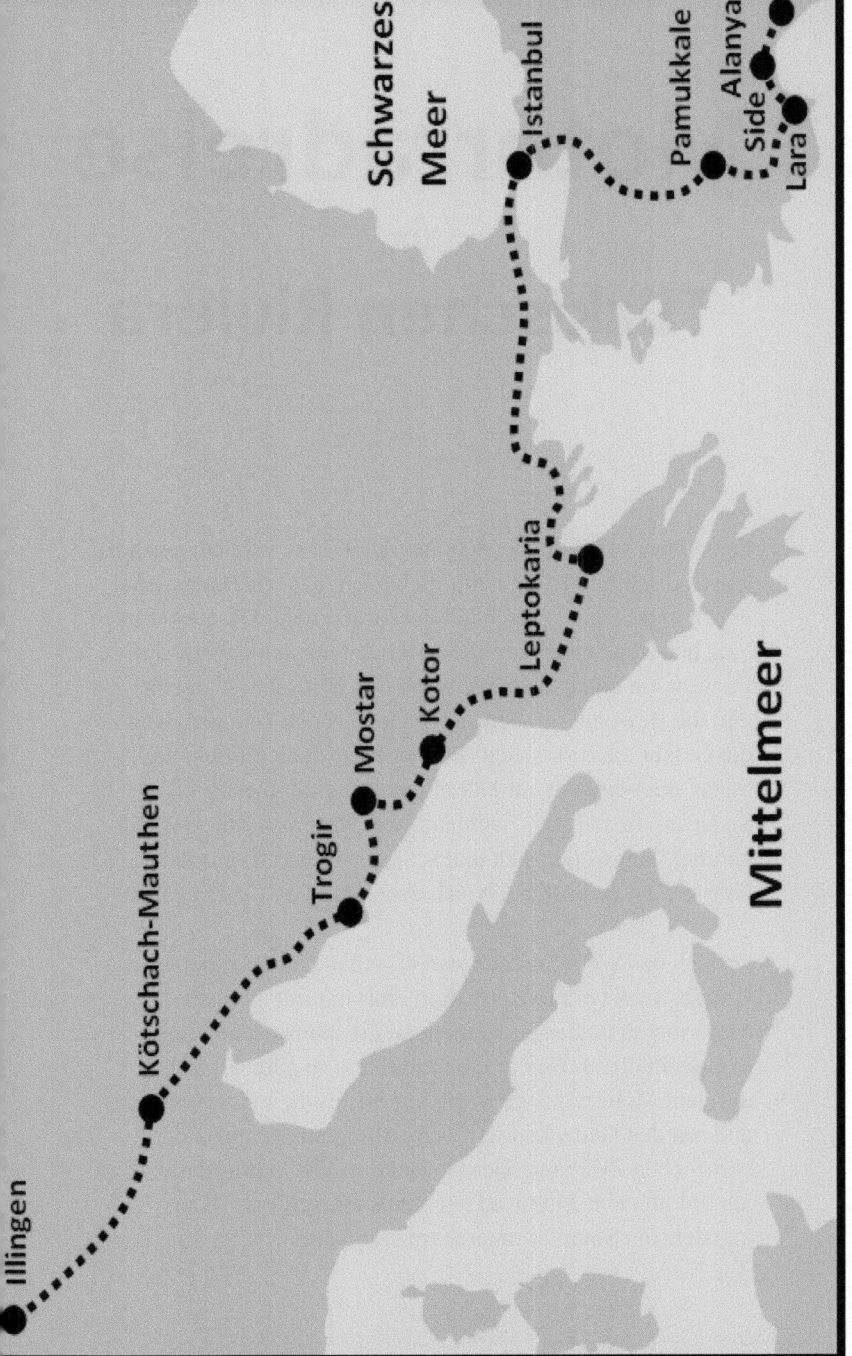

Illingen

Kötschach-Mauthen

Trogir

Mostar

Kotor

Leptokaria

Schwarzes
Meer

Istanbul

Pamukkale

Alanya

Side

Lara

Mittelmeer

Motorradreise

zur

Türkischen Riviera

Es ist kurz vor Weihnachten und das Wetter ist unangenehm kalt und schmuddelig, damit meine ich, das wir Bodennebel haben und Schneematsch auf der Straße liegt. Das gestreute Salz taut den Schnee auf der Fahrbahn nur schleppend auf. Es weht ein unangenehmer Wind durch unser Wohngebiet und die Bewohner trauen sich kaum aus den Häusern, weil die Gefahr auszurutschen, sich einen grippalen Infekt zu holen, oder einfach nur kalte Füße zu bekommen, groß ist. So sitzen die meisten Nachbarn, wie wir, im warmen Wohnzimmer, langweilen sich und schauen ab und zu aus dem Fenster, um zu prüfen, ob sich eventuell das Wetter bessert.

Da sich das Wetter nicht besserte, schaue ich mir meine Urlaubsfotos vom letzten Sommerurlaub mit meinem Motorrad an und erinnere mich an die fantastische Tour in Griechenland. Es war eine tolle Zeit, so ganz alleine mit dem Motorrad unterwegs, um die Freiheit zu genießen und mit den Gedanken fern vom Alltagsstress und den beruflichen Zwängen. Der Gedanke wuchs in mir, dass ich mit meinem Motorrad nochmals eine größere Tour im nächsten Sommer unternehmen möchte.

Mit meiner Familie war ich schon oft in Kroatien, Griechenland und der Türkei, aber immer mit dem Flugzeug. Warum nicht mal mit dem Motorrad bis in die Türkei zur Türkische Riviera fahren. Immer Richtung Südosten, entlang am Mittelmeer, dabei ein paar schöne und interessante Ortschaften besuchen und ganz entspannt über Kroatien, Bosnien-Herzegowina, Montenegro, Griechenland bis in die Türkei zu reisen. So könnte ich mit meinem Motorrad nicht nur die Zielorte sehen, sondern auch die Landschaften und Städte auf der Fahrt dorthin neu erleben.

So kreisten mir die Gedanken immer weiter durch meinen Kopf u. ich besprach diese Idee anschließend mit meiner Frau. Die glücklicherweise mit der Motorradtour einverstanden war. So konnte ich über die kalten Wintertage die Reise vorbereiten und eine Route festlegen, Hotels buchen und alles andere fest planen.

Das ist die Freiheit, die ich mir vorstelle. Wieder einmal mit meinem Motorrad ganz alleine durch die Länder reisen und einfach den Kopf frei machen, die Fahrt genießen und immer schön die Kurven jagen. Auf diese Tour freute ich mich ganz besonders, weil die Fahrt mit dem Motorrad durch meine Lieblingsländer führt.

Nach einer guten Planung, der Buchung der Unterkünfte über die üblichen Internetplattformen, konnte die Reise los gehen.

Vor der Fahrt auf meiner Suzuki V-Strom wurden noch ein paar neue Reifen aufgezogen, Ölwechsel durchgeführt, Ölfilter getauscht und die Kette eingestellt, vollgetankt und schon war ich mit meinem Bike startklar. Wie immer war ich, auf meinen Motorradtouren, mit leichtem Gepäck unterwegs.

So reichte mir zur Unterbringung des persönlichen Gepäcks mein großes Topcase und eine kleine wasserdichte Gepäckrolle auf dem hinteren Sitzplatz des Motorrads, so wie ein kleiner Tankrucksack. Auf meinen Touren mit meiner Reiseenduro nahm ich immer das Navi mit und ein paar Landkarten, so wie Werkzeug, Pannenspray für die Reifen und den Verbandskasten. Natürlich war auch immer meine wasserdichte Überziehregenhose im Gepäck dabei. Meine Nylonmotorradjacke ist absolut wasserdicht, deshalb benötige ich keine zusätzliche Regenkombi.

Mein Motorrad ist für solche Touren bestens geeignet, weil ich dort eine sehr bequeme Sitzposition einnehmen kann, der Tankinhalt sehr groß ist, das Windschild gut funktioniert und das Fahrzeug ohne Überraschungen solide und robust, so wie sparsam seine Kilometer runter spult. Auch die Sitzbank ist bequem und lässt einen ein paar Stunden prima sitzen. Besonders sicher fühle ich mich durch die zwei großen Scheinwerfer in der Frontverkleidung meiner V-Strom. Dadurch können mich alle Verkehrsteilnehmer am Tag und bei Nacht sehr gut erkennen.

Am Abend vor der Abfahrt freue ich mich wie ein kleines Kind vor Weihnachten, denn ab morgen geht es in die große Freiheit. Nur mein Bike und ich auf der großen Tour durch schöne Länder bis in die Türkei zur Türkischen Riviera. Das wird eine geile Zeit, so etwas vergisst man nie und bleibt stets als Glücksgefühl gespeichert. Weil ich vor lauter Vorfreude nur vier Stunden schlafen konnte fuhr ich bereits um zwei Uhr in der Nacht los. Eigentlich sollte ein guter Motorradfahrer nicht in der Nacht fahren, weil es zu viele Gefahren auf der Straße gibt. Es fängt an mit Teilen die auf den Straßen liegen, die zu spät erkannt werden und geht weiter bis zu den Tieren die nachts die Straße überqueren und bei Kollision schnell den Fahrer vom Motorrad holen.

Aber ich war so aufgeregt und wollte einfach fahren, deshalb nahm ich diese Gefahren in Kauf. Muss natürlich um ein Vielfaches vorsichtiger sein, denn als Motorradfahrer ist man mit der schwächste Verkehrsteilnehmer auf der Straße und sogar ein Bekannter musste sein Hobby mit seinem Leben bezahlen. Aber das ist leider so und sollte einem die Freude am Fahren eines Motorrades nicht nehmen, aber dennoch berücksichtigen.

Punkt zwei Uhr startete ich meine V-Strom und war wieder einmal begeistert als ich in der ruhigen Nacht den V-Motor donnern hörte. Kurze Verabschiedung von meiner Silvia und los ging die Fahrt in die große Freiheit, immer Richtung Süden.

Aus Illingen in Württemberg hinaus auf die Bundesstraße 10 und an Vaihingen / Enz vorbei, durch Enzweihingen, bis zur Autobahnanschlussstelle vor Stuttgart, auf die Autobahn A8 Richtung München. Die letzte Zivilisation ist für mich immer der Stuttgarter Flughafen, denn danach wird es ruhig und leer auf der Autobahn. An der Geislinger Steige wird es für mich immer interessant, weil ich als Motorradfahrer sehr schnell und problemlos den Anstieg überwinden kann. Ganz im Gegenteil zu den Lkws die auch gern nachts unterwegs sind.

Da spürt man die Kraft des Motorrades unter einem, das durch sein leichtes Gewicht und der guten Leistung diese Etappe problemlos meistert. Die Steige ist für eine Autobahn recht kurvig und sogt deshalb für etwas Abwechslung in der Nacht Richtung München. Es gab keine Staus auf der A8 und das Wetter war mild und angenehm warm. So drückte es nicht auf die Blase und ich fuhr durch bis München. Weil ich so gut voran kam, fuhr ich kurzerhand durch München, denn um kurz nach vier Uhr ist es in München noch sehr ruhig und die Fahrt durch die Stadt reduziert die Kilometer und die Fahrzeit.

In München machen sich die Nuten so langsam von der Nachtschicht auf den Heimweg und die letzten Freier finden den Weg nachhause. Es ist für mich ganz witzig, denn für diese Leute endet der Tag und für mich fängt er gerade an.

In München brauche ich nicht zu tanken, denn meinen Tank am Bike habe ich unerlaubter Weise bis zum Verschluss gefüllt. So passen nochmals rund drei Liter mehr, in den eh schon großen Tank, hinein.

Die Fahrt durch die Landeshauptstadt von Bayern verlief gut und schnell, nur an den vielen Fotoapparaten der Stadt ist äußerste Vorsicht geboten und natürlich Hand vom Gas. Weil ich so oft diesen Weg schon gefahren bin, kenne ich jeden Blitzer auf der Strecke. Aufpassen muss ich nur auf die neuen, denn das könnte in der Stadt sehr teuer werden.

Weiter geht die Fahrt auf der Autobahn A8 Richtung Rosenheim und auf der Höhe von Rosenheim rechts ab auf die Autobahn A93 nach Kufstein. Dann geht es endlich von der Autobahn runter auf die Landstraße, südlich am "Wilden Kaiser" vorbei nach Kitzbühel. Sehr gern fahre ich durch Österreich, weil hier alles so schön geordnet und mit den Bergen so wild romantisch aussieht. Aber vor allem die Straßen sehr gut sind und es viel Freude macht die Pässe mit seinen Kurven hinauf zu heizen.

Nach Kitzbühel folge ich der Landstraße über den Pass Thurn mit seinen tausendzweihundertvierundsiebzig Meter ü. d. Meer. Als nächstes Highlight steht die Fahrt zum Felbertauerntunnel an, der sich langsam und stetig die schöne Bergstraße bis auf über tausendsechshundert Meter hinauf schlängelt. Auch hier ist das Motorrad das perfekte Fahrzeug um die Steigung hinauf zu fahren.

Rechts und links des Felbertauerntunnel liegt der Groß-
glockner und der Großvenediger, die beide um die dreitausendsiebenhundert Meter hoch sind und auf mich immer
wieder einen beeindruckenden und gewaltigen Eindruck
hinterlassen. Selbst im Sommer sind auf dessen nackten
und felsigen Bergspitzen noch weißer Schnee zu sehen.

Am Felbertauerntunnel muss ich nur kurz stoppen, um die
zehn Euro Mautgebühr zu bezahlen. Dann geht die Fahrt
durch den fünftausendzweihundertzweiundachtzig Kilometer
langen Tunnel, der im Jahre neunzehnhundertsiebenund-
sechzig fertig gestellt wurde, weiter. Der Tunnel ist eine
wintersichere Verbindung durch den Felber Tauern der Hohen
Tauern des Alpenhauptkamms, der das Bundesland Salzburg
mit Osttiroler Bundesland Tirol verbindet. Also eine wichtige
Verbindungsstraße in Österreich. Für mich ist es oftmals sehr
überraschend, wie das Wetter auf der anderen Seite ist. Denn
hier verläuft eine Wetterscheide und es kann auf der einen
Seite Sonnenschein sein und auf der anderen Seite schneit oder
regnet es, ebenso können erhebliche Temperaturschwankungen
stattfinden. Diesmal habe ich Glück und auf der anderen Seite
ist das Wetter ebenso gut wie zuvor. Entspannt fahre ich auf
der Bundesstraße B108 hinunter Richtung Lienz. Die Straßen
sind alle trocken und so erreiche ich parallel dem Fluss Isel
den größeren Ort Lienz.

In Lienz tanke ich meine V-Strom und frühstücke gemütlich
in einem bekannten Fast-Food-Restaurant, das direkt an der
Bundesstraße auf der linken Seite liegt. Es gibt einen schönen
großen heißen Kaffee und ein Omelette mit Schinken und Brot.

Gut gestärkt und einer Pinkelpause geht es weiter Richtung
Gailbergsattel, der auf einer Höhe von neunhunderteinund-
achtzig Meter liegt und sich schön den Berg in Serpentinen
hinauf schlängelt.

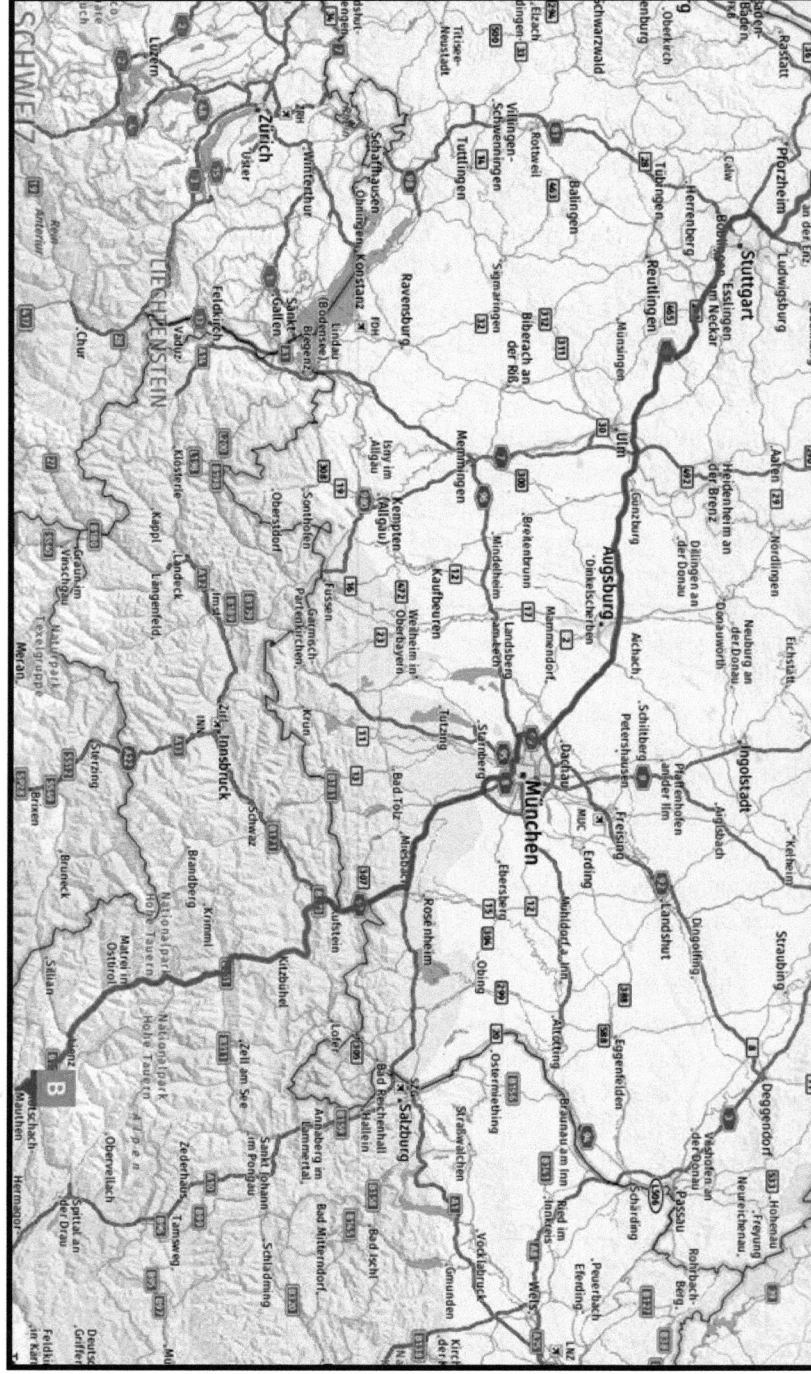

Die Straßen sind frei und es bereitet mir viel Freude meine V-Strom durch die Kurven den Berg hinauf zu jagen, zumal hier keine Polizei oder Blitzer sind.

Nach dem Gailbergsattel habe ich nur noch ein paar Kilometer bis zu meinem heutigen Zielort nach Kötschach-Mauthen. Es geht durch den dichten Wald bis in die kleine verschlafene Ortschaft mit seinen knapp dreieinhalbtausend Einwohnern.

Ich fahre die restlichen Kilometer meiner über fünfhundert Kilometer langen Tagesetappe, bis zu meinem gebuchten drei Sterne Hotel "Gailtaler Hof". Das Hotel empfängt besonders gern Motorradfahrer, betreut und verwöhnt diese in ihrem Haus. Nach weniger als fünf Stunden reine Fahrzeit stelle ich mein Motorrad vor dem Hotel ab und checke ein. Ich habe Glück und mein Einzelzimmer ist bereits fertig gerichtet und ich darf es sofort betreten und mich ein wenig häuslich einrichten.

Da ich zeitlich viel zu früh dran bin, trinke ich im Restaurant noch einen leckeren Cappuccino und esse eine Butterbrezel dazu, denn für ein Bier ist es mir doch noch ein wenig zu früh. Weil ich schon Gast im Haus war, kenne ich hier alles genau.

Nach dem zweiten Frühstück lege ich mich ein wenig auf das frische Bett u. schlafe nach der fantastischen Fahrt schnell ein. Erst nach dem kleinen Nickerchen rufe ich meine Frau an und melde mich wohlbehalten angekommen. Taktisch rufe ich erst danach an, denn sonst weiß meine Frau sofort, dass ich wieder viel zu schnell mit dem Motorrad unterwegs war.

Anschließend laufe ich ein wenig durch die kleine Gemeinde, in der sich seit meinem letzten Aufenthalt nichts geändert hat. Kaufe im Supermarkt noch etwas zum Trinken und kehre gegen Abend in ein klassisches Restaurant ein um mir hier einen leckeren Schweinebraten mit Knödel, Kraut und Salat zu genehmigen. Dazu noch ein frisches Hefeweizen und der Abend ist dein Freund. Weil ich so früh dran bin, trinke ich ausnahmsweise ein zweites Weizenbier, bevor ich in mein komfortables Hotel zurückkehre. Als ich ankam war es bereits dunkel und mir kam die Idee noch eine Runde in die heiße Sauna des Hotels zu gehen. Danach kurz unter die Dusche und dann schnell ins Bett. Trotz dem Nickerchen tagsüber konnte ich hervorragend die Nacht durchschlafen.

Am nächsten Morgen schlemmte ich noch ein leckeres Frühstück mit frischen Brötchen, Brezel, Wurst, Käse, Omelette und einem guten Cappuccino. Um kurz nach neun war ich startklar und freute mich auf die nächste Etappe von Kötschach-Mauthen bis nach Trogir, dazu musste ich aus Österreich über Italien, Slowenien bis nach Kroatien fahren. Von Kötschach-Mauthen verlief der Weg zuerst über etwas ältere Straßen, bis an die italienische Grenze, dann über den tausenddreihundertsechzig Meter hohen Plöckenpass über neue und sehr kurvige Straßen den Berg in Italien hinunter. Wenn ich mich nicht verzählt habe sind es zwölf hundert-achtzig Grad Spitzkehren, die doch relativ vorsichtig zu fahren sind, aber die Aussicht auf das Tal ist wunderschön.

Nach rund siebenunddreißig Kilometer durch den langen Pass in den Karnischen Alpen auf der Strecke von Kötschach-Mauthen im Gailtal ins italienische Timau in Friaul, fahre ich weiter bis nach Tolmezzo. Die Straßen sind sehr schmal und überwiegend mit schlechtem Teerbelag. Hier ist Vorsicht geboten, denn immer wieder fahren Wohnmobile oder dicke SUV auf der Straße und benötigen oftmals übertrieben viel Fläche. Bei bestem Wetter freue ich mich die Strecke zu fahren und begegne immer wieder Motorradgruppen, die auf der Heimfahrt sind u. wir uns selbstverständlich grüßen, wie es sich unter echten Motorradfahrern gehört.

In Tolmezzo fahre ich auf die Autobahn A23 weiter Richtung Süden nach Udine, anschließend auf die Autobahn A4 und folge dieser nach links in Richtung Triest. Die Autobahn ist gut ausgebaut und befindet sich in einem sehr guten Zustand. Was mich freut und ich deshalb meine V-Strom ein wenig über die Autobahn jage, dabei immer die Sicht nach der Polizei und den Blitzern, die eventuell neu installiert wurden.

Ich komme sehr gut voran, bezahle die Maut auf der Autobahn u. sehe auf der Tour das erste Mal das Mittelmeer. Das ist für mich immer ein ganz besonderer Augenblick, dazu noch das süßliche Aroma der Nadelbäume und Blüten der Mittelmeervegetation in der Nase. Etwas Schöneres für die Sinne gibt es kaum. Mein Navi schalte ich um auf mautfreie Straßen, weil ich nach Triest durch Slowenien, für die paar Kilometer nicht die teure Maut bezahlen will. Das Navi leitet mich auf kleinen Straßen und der Durchgangsstraße 7 über Kozina, Obrov direkt zum Grenzübergang nach Rupa. Nach der mautfreien Fahrt durch Slowenien geht es nun auf der Durchgangsstraße Nr. 8 oder Europastraße E67 über Rijeka, Crikvenica, Senj, Jablanac, Karlobag, Starigrad bis kurz vor Zadar. Diese fantastische und traumhafte Aussicht auf das blaue Meer und die kargen Inseln vor der Küste genieße ich jedes Mal auf ein Neues.

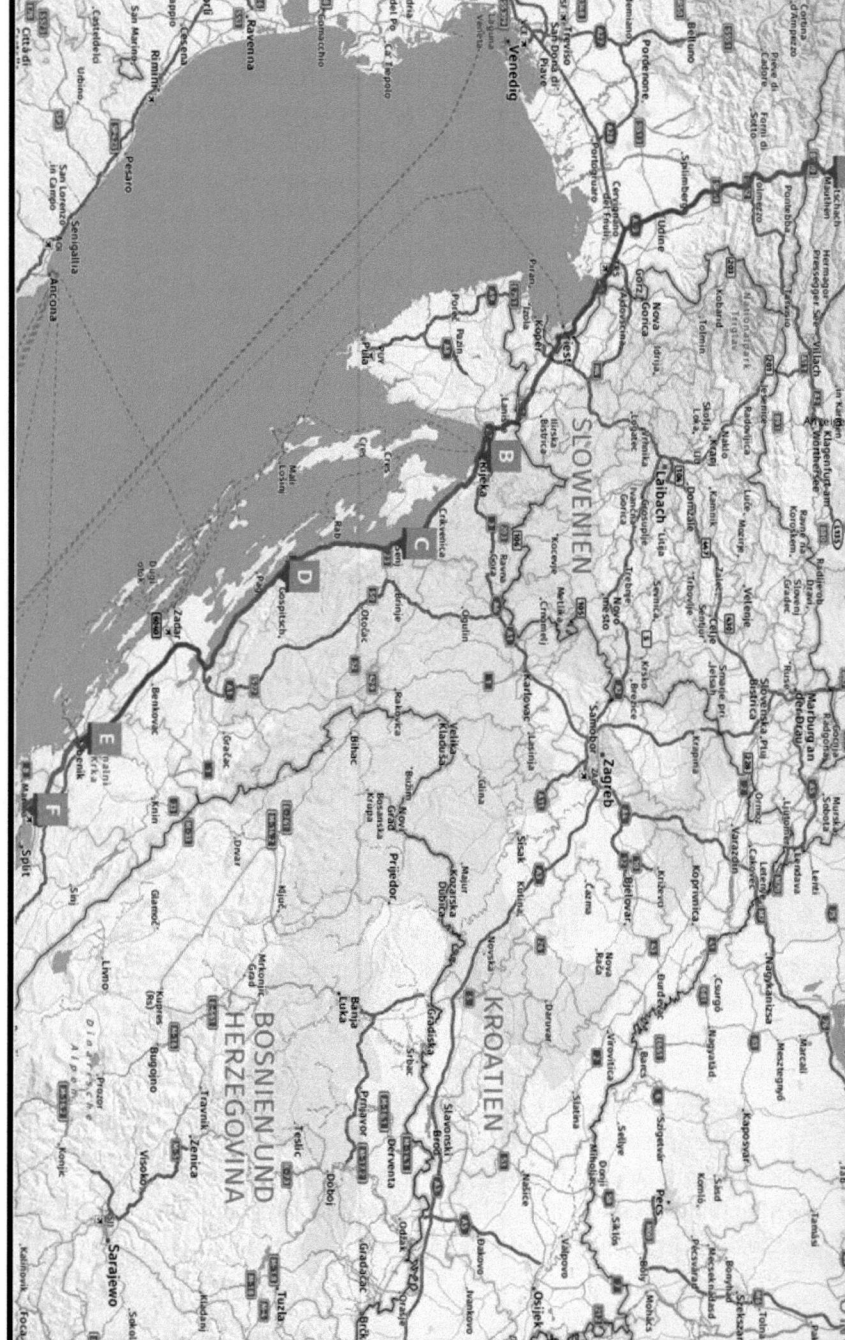

Nicht nur die Aussicht ist wunderschön, auch die Straßen schlängeln sich herrlich an der Küste entlang, da gibt es immer Abwechslung und so folgen kleine kurvige Abschnitte in lange Geraden und umgekehrt. Oftmals ist es gut schwindelfrei zu sein, denn die Küste verläuft manchmal sehr steil zum Meer hinab.

Unterwegs kehre ich in ein landestypisches Restaurant ein und esse Lammbraten mit Pommes Frites und Salat, dazu eine große kalte Kola, denn ein Bier geht wegen dem Fahren auf dem Motorrad noch nicht, obwohl mir das sehr viel besser geschmeckt hätte. Bevor es vor Zadar auf die Autobahn Nr. 1 geht, tanke ich das Motorrad nochmal richtig voll und gönne mir einen starten Kaffee. Die Fahrt verläuft anschließend über Benkovac, Pirovac, Sibenik, Vrpolje bis zur Autobahnausfahrt Prgomet. Die Autobahn ist fantastisch zu fahren, der Straßenbelag ist sauber verlegt und griffig, deshalb erlaube ich mir es richtig krachen zu lassen. Weil die Fahrbahn nur schwach befahren ist, gilt mein Hauptaugenmerk den Radarfallen und der Polizei. Vor der Autobahnabfahrt musste ich die Maut bezahlen und danach führte mich der Weg über Prapatnica direkt in die Altstadt von Trogir. Nach fünfhundertsechzig Kilometer und sieben Stunden Reisezeit, inklusive Mittagessen, war die zweite große Etappe ohne einen Zwischenfall und mit viel Fahrspaß, so wie bester Aussicht u. schönstem Wetter, zurückgelegt. In eine kleine und einfache Pension habe ich mich für zwei Tage eingemietet, der Preis für die Übernachtung mit Frühstück kostet mich pro Nacht fünfunddreißig Euro und ich darf mein Motorrad sogar in der Garage des Besitzers abstellen. Nachdem ich mein Zimmer im ersten Stock des Altbaus eingerichtet hatte und alles vorab bezahlte, lud mich der Eigentümer auf ein Glas Rotwein ein, das ich dankend annahm. Nach einer lustigen Unterhaltung vertrat ich mir ein wenig die Füße in der Altstadt von Trogir und kehrte in eine ganz gemütliche Taverne auf ein traditionelles Abendessen mit Cevapcici, Pommes Frites und Salat ein, dazu trank ich ein kühles frisch gezapftes Bier. Das war ein richtig leckeres Abendessen. Vor dem Bezahlen gab es noch einen Sliwowitz auf Kosten des Hauses. Am nächsten Tag steht die historische Altstadt von Trogir auf dem Programm.

Die wunderschöne Altstadt kenne ich schon von früheren Besuchen mit dem Motorrad, Auto und Segelboot. Durch die verwinkelte Altstadt laufe ich sehr gern und suche eine nette Bar, um dort ein kühles Bier oder ein Glas Rotwein zu trinken. Nach dem Frühstück am nächsten Morgen möchte ich auch an diesem Tag wieder so verfahren, aber erst wenn die wichtigsten Bauwerke besichtigt wurden.

Die historische Altstadt von Trogir liegt auf einer Insel, es führt eine Steinbrücke im Norden der Insel zum Festland. Auf der südöstlichen Seite der Altstadt ist Trogir mit der Insel Ciovo durch eine Klappbrücke verbunden, die aber nicht mehr für den Schiffsverkehr geöffnet wird. Bis zweitausendachtzehn stellte die Klappbrücke die einzige landseitige Verbindung der Insel mit dem Festland dar. Seit Juli zweitausendachtzehn gibt es für die Insel Ciovo eine neue Brücke mit direkter Verbindung zum Festland.

Trogir war schon im dritten Jahrhundert vor Christus als griechische Siedlung namens Tragourion bekannt. Die romanische Stadt Trogir besitzt den am besten erhaltenen romanisch-gotischen Komplex und dies nicht nur an der Adria. In dem mittelalterlichen, teils von einer Stadtmauer umgebenen historischen Stadtkern befinden sich noch viele gut erhaltene Gebäude, so zum Beispiel ein wunderschönes Schloss, ein Turm, etwa zehn Kirchen und eine Reihe von Wohnhäusern und Palästen aus den Perioden der Romanik, Gotik, Renaissance und des Barocks.

Zu den wichtigsten Sehenswürdigkeiten zählen aus dem dreizehnten Jahrhundert die St. Laurentius Kathedrale, der Fürstenpalast, das Meisterwerk am westlichen Hauptportal vom Bildhauer Radovan, es ist das wichtigste Werk im romanisch gotischen Stil in Kroatien. Aus dem fünfzehnten Jahrhundert kommt das Stadttor und die Stadtmauer, die Festung Kamerlengo, der Groß- und Kleinpalast Cipiko, so wie die Stadtloggia und der Uhrturm.

In Trogir wurden viele Filme für das Kino gedreht, so zum Beispiel Winnetou Teil 3, der TV-Mehrteiler Jack Holborn mit Patrick Bach in der Titelrolle, "Vampire in Venedig", "Dr. Who", so wie die bekannte Serie "Game of Thrones".

Um alles in Ruhe anzuschauen benötigte ich den ganzen Tag, aber es lohnt sich, denn hier gibt es viel Interessantes zu sehen.

Nach so viel Kulturprogramm laufe ich erst einmal in meine Pension und trinke eine große Flasche Mineralwasser und kontrolliere am Motorrad alle wichtigen Funktionen, das sind u.a. der Ölstand, die Bremsflüssigkeit, der Kettendurchhang, die Bremsbeläge, den Luftdruck, das Licht und fette die Kette ein. Danach packe ich das Gepäck auf das Motorrad, um am nächsten Morgen mit etwas weniger Arbeit entspannt den Tag beginnen zu können.

Abends kehrte ich wieder in die gleiche Kneipe wie am Vortag ein u. gönnte mir eine große kroatische Grillplatte mit Pommes und einen großen Salat. Wegen der vielen Bewegung hatte ich so einen großen Hunger, aber auch weil ich auf das Mittagessen verzichtet hatte. Es kam an diesem Abend noch eine richtig gute Stimmung auf, weil sich eine deutsche Motorradgruppe zu mir an den Tisch setzte und wir viel Spaß miteinander hatten.

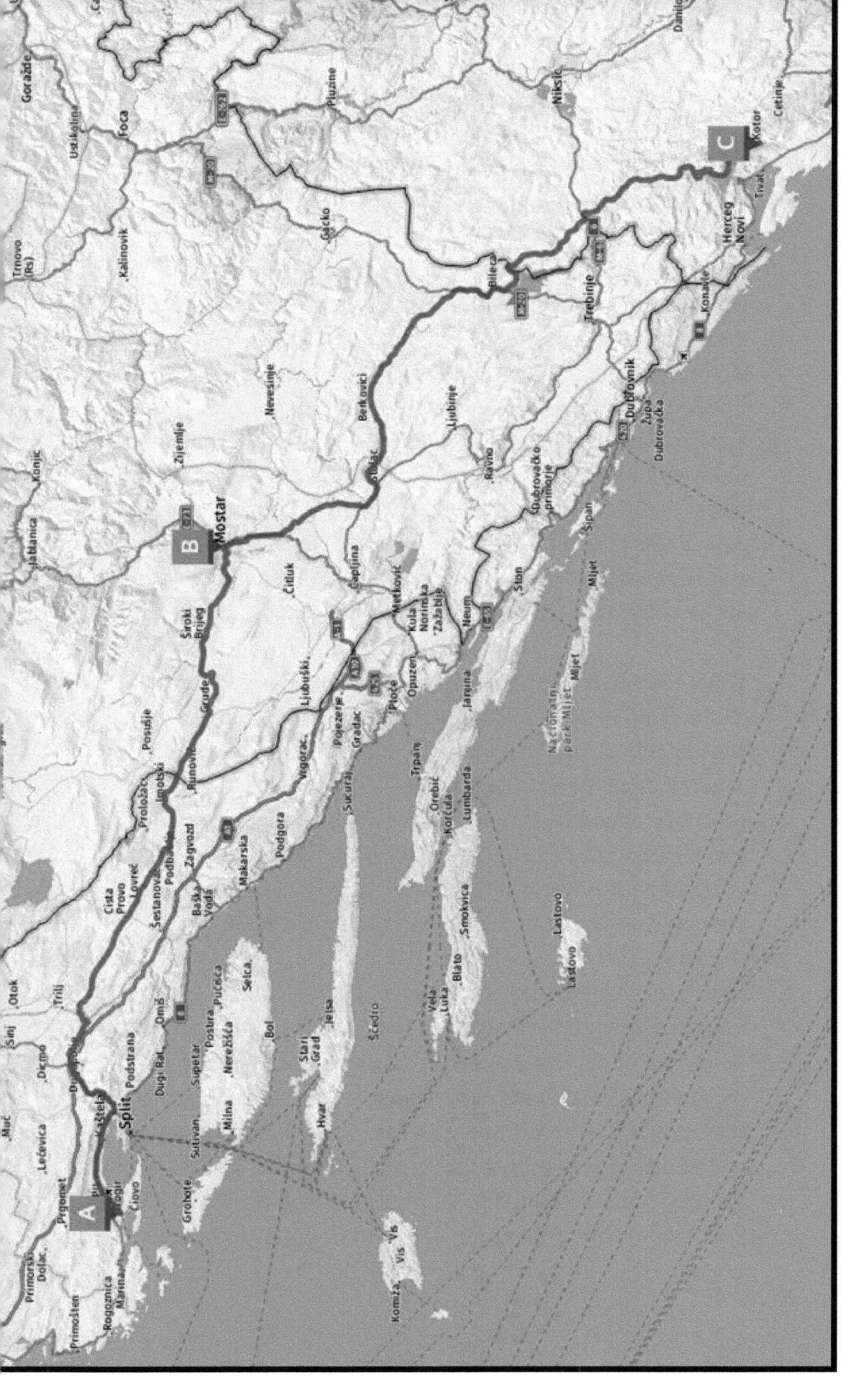

Am nächsten Tag war eine große und interessante Tagestour geplant, deshalb musste ich frühzeitig ins Bett. Eigentlich sehr schade, denn ich hätte gerne noch was getrunken und die Gaudi mit der Motorradgruppe mitgemacht.

Unverschämt früh stand ich auf, frühstückte kurz und dann drückte ich auch schon auf den Elektrostarter der V-Strom und fuhr durch die Altstadt von Trogir. Über die Schnellstraße Richtung Split, dann bei Solin links ab nach Dugopolje, dieser Straße folgend über Trilj, Cista Provo, Imotski zum Grenzübergang in Richtung Grude nach Bosnien-Herzegowina. An der Grenze winkte man mich ganz großzügig durch und ich konnte direkt auf dieser Straße über Siroki Brijeg nach Mostar fahren. Auf die weltberühmte Brücke und die Altstadt von Mostar freue ich mich schon sehr. Dort wo die Christen und Moslems auf je einer Seite der Brücke, in der gleichen Stadt, leben.

Unterwegs halte ich noch an einer gelben Kirche mit zwei Türmen an, in dessen Rosengarten eine Maria Statue steht. Mostar selber liegt in einem Tal und kann von oben sehr schön betrachtet werden. Meine V-Strom macht alles ohne Murren mit und lässt sich immer noch hervorragend fahren. Die kleinen Straßen sind fantastisch für Motorradfahrer geeignet, nur ist Vorsicht geboten, beim Fetzen durch die kleinen Kurven, denn der Belag ist oft nicht mehr gut.

Gleich am Anfang der Stadt werde ich von einer Gruppe Harley Davidson Fahrer vor einer Ampel begrüßt. Weil die Ampel lange auf rot geschaltet war, konnten wir die Visiere der Helme hochklappen u. uns kurz unterhalten. Im Gespräch teilte ich mit, dass ich zur Brücke Stari most wollte. Einer meinte, wir machen einen kurzen Zwischenstopp, dann bringen wir dich hin, fahre uns einfach nur hinterher. Die Ampel wird grün u. ich folge der Gruppe Harley Fahrer.

Es geht durch die Stadt, bis wir mitten drin an einer Kneipe vor dem Biergarten anhalten und ich zu einem Bier von den Jungs eingeladen werde. Es machte Spaß mal wieder Deutsch zu sprechen und ich erfahre von der Gruppe, dass alle Deutsch-Bosnier sind und den Winter dieses Jahr in ihrer alten Heimat verbringen. Wir lachten zusammen und quatschen über Gott und die Welt. Dann brachen wir auf und die Truppe begleitet mich im Konvoi zur Stari most, was in Deutsch "alte Brücke" heißt. Wie der Präsident von Bosnien kam ich mir vor, denn ich fuhr in der Mitte und rechts u. links von mir je eine Reihe donnernder Motoren der Harley Davidson Gang. Weiß nicht warum, aber wir hatten immer freie Fahrt und keiner stoppte uns, auch wenn die Ampeln auf rot standen, es gab für diese Gang kein anhalten, denn sie nahmen sich einfach die Vorfahrt. Kurz vor der Brücke parkte ich meine V-Strom und verabschiedete mich von jedem einzelnen, was eine Weile dauerte. Dann fuhr die Gang wieder weiter und ich lief durch die schönen historischen Straßen zur wichtigsten Brücke von Mostar.

Beide Seiten der Brücke, die über den Fluss Neretva die zwei Stadtteile der Christen und Moslems verbindet, schaute ich mir an. Rustikale und einfache Gebäude, die entweder Souvenirs verkaufen oder zu netten Restaurants umgebaut wurden, stehen auf beiden Seiten. Die Altstadt u. die Brücke faszinieren mich, denn die Gebäude haben den alten Baustil der mir so gut gefällt. Über den Bau der Brücke lese ich mir alles durch, die Bedeutung und die Zerstörung, so wie den Wiederaufbau. Es ist schon sehr geschichtsträchtig u. bewegend, was hier in dieser Stadt alles passiert ist, damit könnte ich leicht ein ganzes Buch füllen, deshalb gebe ich nur ein paar Eckdaten weiter. Mit einer lichten Weite von knapp neunundzwanzig Meter u. einer Höhe von neunzehn Meter in ihrem Scheitelpunkt war sie zur Zeit ihrer Erbauung im Jahre fünfzehnhundertsechsundsechzig ein Meisterwerk der damaligen Ingenieursbaukunst.

Die Brücke von Mostar gilt seit Jahrhunderten als die symbolische Verbindung zwischen Ost und West. Sie ist ein wichtiger Bestandteil des Wappens von Mostar. Neunzehnhundertdreiundneunzig wurde die Stari most von kroatischen Truppen im Bosnienkrieg zerstört. Erst im Jahre zweitausendvier wurde das wichtige Wahrzeichen von Mostars mit internationaler Hilfe wieder vollständig aufgebaut.

Im Jahre fünfzehnhundertsechsundsechzig wurde die Brücke von dem osmanischen Architekten Mimar Hayreddin fertig gestellt. Den Auftrag bekam er damals vom osmanischen Sultan Süleyman I. Weil der Architekt keine Erfahrung im Brückenbau hatte, baute er kluger Weise erst eine maßstäblich viel kleinere Brücke über den Fluss Radobolja, um zu testen ob sich die große Brücke so realisieren lassen würde.

Der Wiederaufbau der Brücke wurde weitestgehend aus den originalen Steinen und dem gleichen ursprünglichen Bau- prinzip hergestellt. Steine die durch das Bombardement zerstört wurden, beschaffte man aus dem gleichen Stein- bruch, aus denen die ursprünglichen Steine auch herkamen. Ungefähr fünfzehn Millionen Euro kostete der Wiederaufbau, der von der UNESCO, der Weltbank und der Türkei, so wie weiteren privaten Firmen u. Spendengelder finanziert wurde. Die feierliche Wiedereröffnung der Stari most Brücke fand unter Anwesenheit von Vertretern aus sechzig Staaten am dreiundzwanzigsten Juli zweitausendvier statt.

Zur Stadt Mostar lässt sich sagen, dass sie die größte Stadt der Herzegowina, des südlichen Teils von Bosnien und Herzegowina, sowie die sechstgrößte Stadt des Landes ist.

Mostar ist die Hauptstadt des Kantons Herzegowina Neretva der Föderation Bosnien und Herzegowina u. hat etwa hundertdreizehntausend Einwohner, wobei nur rund fünfundsiebzigtausend Einwohner in der eigentlichen Stadt leben.

Die Stadt liegt auf einer Höhe von sechzig Meter über dem Meer, in einem Kessel zwischen zwei großen Bergmassiven. Bedingt durch die Lage im Kessel hat Mostar im Sommer hohe Temperaturen und es herrscht ein mediterranes subtropisches Klima dort. Die jährliche Durchschnittstemperatur liegt bei knapp fünfzehn Grad Ceslius und der durchschnittliche jährliche Niederschlag beträgt tausendfünfhundertfünfzehn Millimeter. Mit diesen Eckdaten ist Mostar die Stadt in Bosnien und Herzegowina mit den höchsten Temperaturen und dem meisten Niederschlag. Ebenso mit einer Sonnenscheindauer von durchschnittlich zweitausendzweihunderteinundneunzig Stunden pro Jahr der sonnenscheinreichste Ort in Bosnien und Herzegowina. Somit gehört Mostar zu den heißesten Städten Europas. In den heißen Sommermonaten steigen die Temperaturen nicht selten auf über vierzig Grad Celsius im Schatten.

Nachdem ich mir alles angeschaut hatte lief ich durch die bunten Gassen, mit den vielen Verkaufsständen, zurück zu meiner V-Strom. Trank unterwegs noch ein Mineralwasser und startete die Weiterfahrt nach Kotor in Montenegro.

Auf der Durchgangsstraße E73 oder Nr.17 geht meine Fahrt Richtung Süden bis Buna, dort biege ich links ab und folge der kleinen Verbindungsstraße Nr. M-173 über Maslinci, Stolac, Berkovici bis Plana. Im Prinzip fahre ich um den schönen und kargen Berg Vidusa mit seinen tausendvierhundertneunzehn Metern herum. Die Landschaft ist hier richtig natürlich, wunderschön, rustikal und sie liegt in einer schwach besiedelten Region des Landes.

Die Straßen sind eng und oftmals unerwartet kurvig, der Belag
ist leider auch nicht von bester Qualität. Diese Strecke ist mit
Vorsicht zu fahren, vor allem auf dem Zweirad. Nach Plana
fahre ich in Richtung Süden auf der Durchgangsstraße M-20
bis Bileca, anschließend biege ich links ab um auf der kleinen
Verbindungsstraße an die Grenze nach Montenegro zu fahren.
Auf der Fahrt zur Grenze erhasche ich immer wieder einen
Blick auf den schönen Bilecko Bergsee. Die kleine Grenz-
station ist fast leer und so komme ich relativ schnell, nur
mit der Prüfung des Reisepasses, in das Land Montenegro.
Das Navi zeigt noch knapp achtzig Kilometer an u. so fahre
ich auf der kleinen und kurvigen Straße R-12 oder Nr. 4 bis
zum Fjord zur Stadt Risan. Vor der Stadt verläuft die Straße
in vielen Serpentinen und Spitzkehren vom Berg ins Tal
der Ortschaft Risan. Das Panorama von hier oben ist atem-
beraubend schön, leider liegt ein wenig Dunst in der Luft.
In der Stadt Risan biege ich dann links ab und folge der E65
immer am Ufer des Fjordes bis zur Stadt Kotor. Nach über
fünf Stunden reiner Fahrzeit und rund dreihundertfünfzig
Kilometer habe ich die Distanz von Trogir über Mostar
nach Kotor zurück gelegt. Das Panorama am Fjord, mit
seinen hohen und kargen Bergen, den idyllischen und ver-
schlafenen Örtchen ist wahnsinnig schön anzuschauen.
Diese Fahrt ist ein wahrer Augenschmaus und lohnt sich.

Über die bekannten Buchungsplattformen habe ich für eine
Nacht ein kleines Zimmer mit Frühstück, für etwas über
dreißig Euro, gebucht. Der Besitzer steht schon vor seinem
Haus und empfängt mich sehr herzlich in der privaten
Zimmervermietung, die gleich am Rand der Altstadt liegt.
Auch hier darf ich mein Motorrad in seine private Garage
über Nacht abstellen. Gleich beim Einchecken bezahle ich
mein Zimmer in bar und mache mich auf den Weg, um die
Altstadt und die Burgruine zu besichtigen. Um noch alles
bei gutem Tageslicht zu erleben, muss ich mich beeilen.

Das kleine Land Montenegro, das früher mal zu Jugoslawien dazu gehörte, hat gerade mal sechshundertdreißigtausend Einwohner und lebt hauptsächlich von der Dienstleistungsbranche, ein wenig Industrie und vor allem, an seinen wunderschönen Küsten am Mittelmeer, vom Tourismus. Die Einwohner dieses kleinen Staates sind oft zusätzlich noch Eigenversorger, sie bauen in der Landwirtschaft Gemüse, Getreide, Kartoffeln, Tabak, Wein, Zitrusfrüchte, Oliven und Feigen an und versuchen ihren Überschuss zu verkaufen.

Kotor ist eine gut befestigte Stadt an der Adriaküste, die in einer Bucht in der Nähe des Gebirgsmassivs Lovcen liegt. Die mittelalterliche Altstadt, mit ihren vielen und gut erhaltenen Natursteingebäuden, zeichnet sich durch ihre verwinkelten Straßen und Plätze aus, sie beherbergt mehrere romanische Kirchen, wie z.B. die Sankt-Tryphon-Kathedrale. Rund fünftausendfünfhundert Einwohner hat Kotor, mit den Eingemeindungen sind es zirka dreiundzwanzigtausend. Das Schifffahrtsmuseum, das die Seefahrtsgeschichte der Stadt erzählt befindet sich ebenfalls in der Altstadt. Auf Sveti Dorde, einer von zwei winzigen Inseln vor der antiken Stadt Perast, steht eine sehr alte- und auf der anderen Insel eine neuere Kirche, die beide sehr schön im Fjord des Mittelmeeres liegen. Kotor mit seinen bedeutenden kulturhistorischen Bauwerken und seiner Lage ist seit neunzehnhundertneunundsiebzig in das UNESCO-Weltkultur- und Naturerbe aufgenommen worden. Zudem ist sie Sitz des katholischen Bistums Kotor u. Zentrum der serbisch-orthodoxen Christen Montenegros. Die Stadt ist umrahmt von den bis zu tausendachthundertvierundneunzig Meter hohen Bergketten. Durch die wunderschöne Lage am Meer und den historischen Gebäuden ist Kotor ein echter Anziehungspunkt für Touristen.

Bis zur Ruine der ehemaligen Befestigungsanlage laufe ich auf den Berg hinauf und genieße die fantastische Aussicht.

Der Weg ist bei den hohen sommerlichen Temperaturen, den vielen Naturstufen und der konzentrierten Luftfeuchtigkeit eine schweißtreibende Angelegenheit. Auf dem Rückweg schaue ich mir die serbisch-orthodoxe Kirche Hl. Nikolaus von Myra, mit den schönen Dächern und der neu wirkenden Natursteinfassade, etwas näher an. Danach geht es in die wunderschöne und idyllische Altstadt, um dort in einem Restaurant ein gutes Abendessen zu genießen, so wie den bekannten Rotwein von Kotor zu trinken. In einer rustikalen Kneipe bestellte ich mir gegrillten Lammspieß mit Pommes Frites und Salat, dazu den Hauswein, der mir vom Besitzer des Restaurants empfohlen wurde. Er meinte, das ist der beste Rotwein weit und breit, denn er ist von seinem eigenen Weinberg. Ich muss sagen, das Essen und der Wein waren sehr lecker. Deshalb trank ich noch ein zweites Glas Rotwein, dann machte ich mich aber auf den Weg in meine Pension, denn ich war todmüde von dem anstrengenden und sehr langen, aber wunderschönen Tag.

Nach einem sehr frühen, aber guten und kalorienreichen Frühstück, startete ich mit meiner V-Strom die lange Tagesetappe. Das wird ein sehr harter Tag, denn ich möchte eine Distanz von über sechshundertvierzig Kilometer bis zur Grenze von Montenegro, ein Stück durch Albanien und Mazedonien bis Griechenland, südlich von Thessaloniki in die Stadt Leptokaria zurücklegen. Dort habe ich für zwei Nächte ein schönes Strandhotel mit All Inclusive gebucht. Darauf freue ich mich schon sehr. Aber nun ist erst mal der lange Fahrspaß mit meiner V-Strom, die mich bisher immer gut an mein Ziel brachte, im Vordergrund.

Mit einer Tankfüllung, randvoll bis zum Benzindeckel fahre ich mit meiner V-Strom los und starte die lange Tour durch die genannten Länder zu meinem Zielgebiet Griechenland.

Auf der Durchgangsstraße E65 oder Nr.2 fahre ich von Kotor Richtung Süden bis hinter Sveti Stefan und biege dann auf kleine Verbindungsstraßen über Bar nach Shkoder in Albanien. Der Durchgangsstraße folge ich über Lezhe, danach auf die kleine Verbindungsstraße links nach Burrel, Zerqan, Debar bis Struga, vor Debar passiere ich die Grenze nach Mazedonien. Die Straßen sind nicht sonderlich gut, dafür ist die Landschaft umso schöner. Mein Weg führt mich vor Struga auf die Durchgangsstraße E65 Richtung Ohrid, über den Pass Djavat mit über tausendeinhundertneunundsechzig Meter Höhe nach Bitola und dort auf die Straße Nr.26 bis zur griechischen Grenze, zur Ortschaft Niki. Vom Pass Djavat hat man eine tolle Sicht auf den Berg Pelister mit seinen über zweitausendsechshunderteins Meter Höhe. Von Niki geht es über eine kleine Verbindungsstraße nach Itea auf die E65 und bei Vevi auf die Durchgangsstraße E86 über Edessa nach Gianitsa. Der große Teil durch die hohen Berge ist nun geschafft und die Tour verläuft Richtung griechischer Mittelmeerküste über die kleinen Verbindungsstraßen über Alexandria Richtung der großen Stadt Katerini parallel der Autobahn. Die Straße führt mich von Katerini über Dio und Litohoro bis an mein Tagesziel nach Leptokaria, direkt an das blaue Mittelmeer. Auf der letzten Etappe kann ich das Bergmassiv Olimbos oder Olymp mit seinen zweitausendneunhundertachtzehn Metern Höhe und zweiundfünfzig Gipfeln sehr schön sehen. Das höchste Bergmassiv von Griechenland ist gigantisch und nur rund zwanzig Kilometer vom Meer entfernt. Der Sage nach wohnten in der Antike die Götter Griechenlands auf dem Olymp. Heutzutage gibt es dort einen schönen Nationalpark der von Besuchern auf Wanderpfaden durchwandert werden kann. Der Anspruch ist nicht hoch, aber es benötigt eine sehr gute Kondition und Fitness. Nach einem Tankstopp, sechshundertvierzig zurückgelegten Kilometern und elf Stunden Fahrt erreiche ich mein Tagesziel. An allen Grenzen hatte ich Glück und konnte diese schnell passieren.

Die Etappe war doch recht anstrengend, aber auch mit wunderschönen Aussichten auf das Land in den Bergen und zum Ende auf das blaue Mittelmeer, mit seinen fantastischen Sandstränden. Leider ist das Wetter nicht so schön in Leptokaria.

Vor dem Abendessen checke ich mich noch in das gebuchte vier Sterne Hotel "Poseidon-Palace" ein, das am Ortsrand von Leptokaria, direkt am schönen Sandstrand, liegt. Das moderne und gut bewertete mittelgroße Strandhotel, mit zwei großen Pools, macht auf mich einen guten Eindruck. Das Doppelzimmer bekomme ich als Einzelzimmer für nur hundert Euro die zwei gebuchten Nächte und ich darf dafür auch noch so viel essen und trinken wie ich möchte.

Das Mittagessen fiel heute, wegen der langen Etappe, für mich aus und deshalb schmeckte es zum Abendessen im Hotel umso besser. Das Essen war auch hier lecker und gefühlt aß ich mich einmal komplett durch das Buffet. Lange hielt es mich nicht mehr auf den Beinen. Bereits nach dem zweiten großen Bier überkam mich die Müdigkeit und ich verschwand in mein Doppelzimmer und legte mich in das bequeme Bett um mich richtig auszuschlafen. Am nächsten Tag genoss ich das herrliche All Inclusive Frühstück und entspannte mich beim kleinen Frühshoppen am Pool, schwamm dort ein paar Runden im Süßwasser und im Meer, dennoch war ich wieder pünktlich zum Mittagessen am Buffet.

Nach dem Mittagessen ließ ich mich noch neunzig Minuten vom Hotelmasseur verwöhnen, sonnte mich wieder und hielt es dann nicht mehr auf der Liege aus. Deshalb wanderte ich am Strand entlang, am Städtchen Leptokaria mit seinen gerade mal dreitausendsiebenhundert Einwohnern vorbei, nachdem ich auch noch die größere Stadt Platamonas hinter mir hatte, stieg ich auf den grünen Hügel am Meer, um die kleine, aber schöne Burgruine zu besichtigen.

Es gab eine Eintrittskasse und weil niemand dort war, besichtigte ich die Anlage kostenfrei. Vielleicht war es schon zu spät am Tag, oder das Wetter inzwischen zu wolkenbehangen und regnerisch. Die Fernsicht aus der Burgruine war trotz des Wetters sehr schön, denn in die Richtung meines Hotels konnte noch der lange Sandstrand betrachtet werden und ins Landesinnere eine schöne malerische Ortschaft zwischen den sanften grünen Hügeln.

Das schön hergerichtete Buffet genieße ich zum Abendessen wieder und bleibe noch ein wenig an der Bar, um mich mit anderen Gästen im Hotel zu unterhalten.

Nach diesem entspannten Strandtag schlafe ich wieder sehr gut in meinem bequemen Bett und werde erst zum Frühstück wach. Nach der Morgentoilette geht es abermals an das leckere Frühstücksbuffet und anschließend wird das Motorrad gepackt.

Reisefertig fahre ich vom Hotel, tanke noch die V-Strom voll und schon geht es auf die Autobahn A1 Richtung Thessaloniki über den Ort Katerini. Die Autobahn ist nicht so voll, zumal die Sommerferien schon vorüber sind. Die Straße ist meist zweispurig mit Standstreifen ausgebaut und gut mit Leitplanken nach außen abgesichert. In Griechenland ist es auf der Autobahn üblich das aus den zwei Fahrspuren schnell mal fünf werden und der Standstreifen als zusätzliche Fahrbahn mit genutzt wird. So sind sie halt die lieben Griechen, kreativ, pragmatisch, freundlich und rücksichtsvoll im Straßenverkehr. Es macht Spaß hier auf der Autobahn zu fahren, zumal sie sich ganz ordentlich in die Landschaft schlängelt. Nach der Stadt Thessaloniki geht die Fahrt immer Richtung Istanbul, über die Ortschaften Kavala, Komotini, Alexandroupoli, Tekirdag, Esenyurt, dabei wird von der Autobahn A1 die A2 gewechselt. Die über sechshundertneunzig Kilometer kosten mich nur knapp neun Euro Maut, wobei fast alles in Griechenland anfällt.

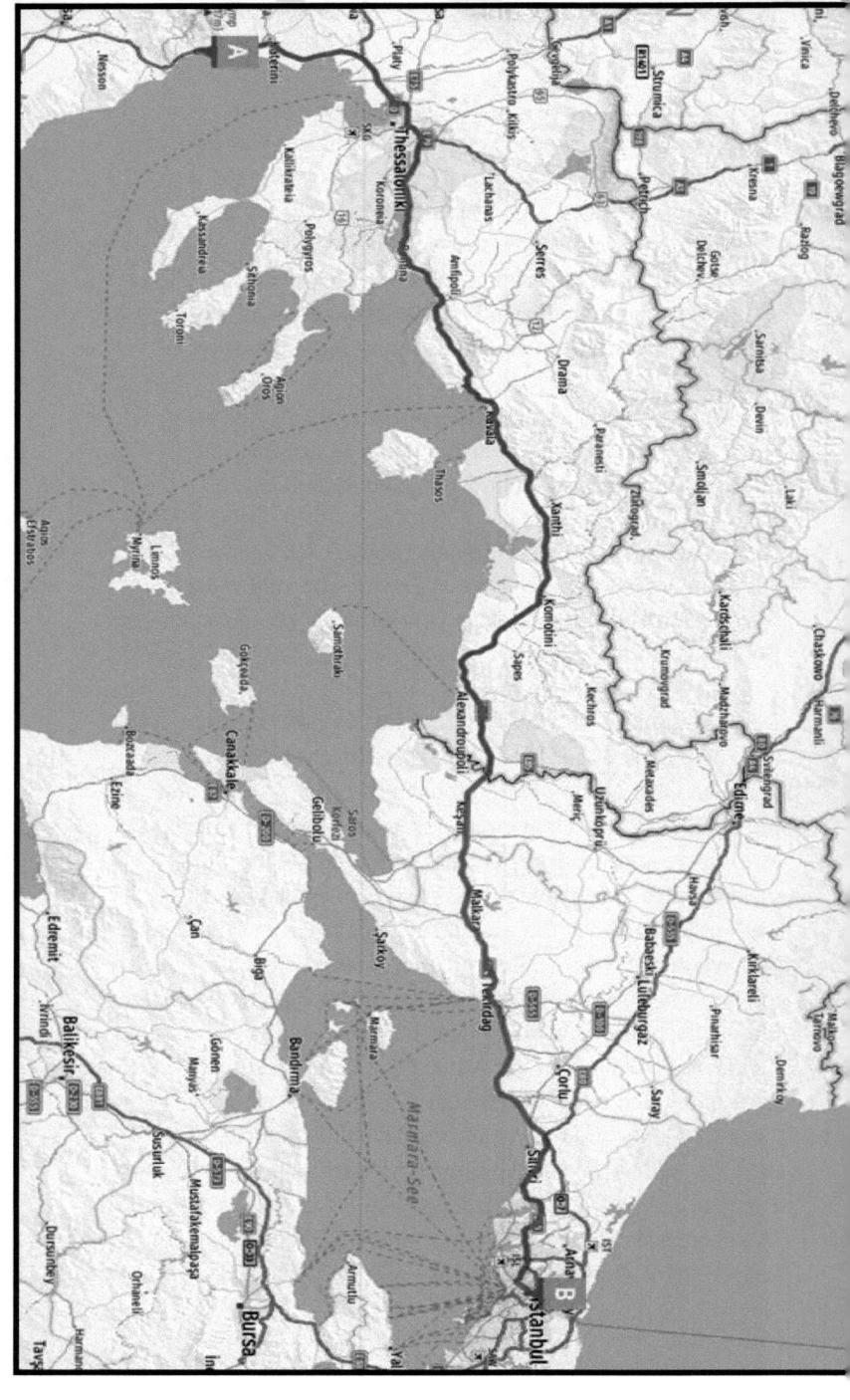

Für diese Distanz benötige ich ganz entspannt acht Stunden reine Fahrzeit und am Grenzübergang in Griechenland nur ein paar Minuten, dafür aber an der türkischen Grenze über eine Stunde, weil hier die Personen u. Fahrzeuge kompliziert und sehr exakt dokumentiert werden. Zudem werden hier allerlei Papiere erstellt u. alles muss separat in jeweils einer neuen Warteschlange erworben und bezahlt werden. Das kostet schon ein wenig Nerven, vor allem weil es einem etwas Überflüssig vorkommt und ohne Klimaanlage in der Motorradkleidung, so wie in den vollen Gebäuden nur wenig Freude bereitet. Aber alle Wartenden, die fast nur aus Türken besteht, sind extrem diszipliniert und ruhig.

Als Motorradfahrer spürt man sofort die Großstadt, denn die Luft auf Istanbuls Straßen ist leider nicht gut, es stinkt quasi zum Himmel von den vielen Fahrzeugen auf der Straße und von den Schiffsmotoren oder Flugzeugen. Dank dem Navi fand ich sofort mein gebuchtes Hotel, das direkt in der City liegt u. mir einen schönen Blick auf das Marmara Meer bietet, zumal ich in der obersten Etage des kleinen mehrstöckigen Hotels, in einem Doppelzimmer untergebracht, war.

Das schöne drei Sterne Hotel bietet alles was ich für eine kurze Besichtigung der Innenstadt benötige. Durch die zentrale Lage des Hotels kann ich alles zu Fuß oder mit dem Schiff / Zug / Straßenbahn einfach, schnell und kostengünstig so wie stress-frei erreichen. Denn mit dem Motorrad und der schwarzen Motorradkleidung macht das in der großen Weltstadt, mit dem dichten Verkehr und der aufgestauten Wärme keinen großen Spaß. So kann ich die V-Strom abstellen und ganz relaxt in kurzer legerer Kleidung mir die Metropole Istanbul anschauen.

An der Rezeption des Hotels wurde ich super freundlich empfangen und alles wurde mir im Haus persönlich erklärt und gezeigt, das war schon ein toller Service.

Das gebuchte "Good Night Hotel Istanbul" kostete mich gerade mal achtzehn Euro pro Nacht mit Frühstücksbuffet. Bei der Buchung war ich noch skeptisch, ob das alles für diesen Preis in einem drei Sterne Haus mit der fabelhaften Bewertung möglich ist. Aber vor Ort staunte ich nicht schlecht was alles geboten wurde, sogar mein Motorrad erhielt einen kostenfreien Parkplatz im Schatten.

Das "Good Night Istanbul" liegt nur vierhundert Meter von der Konstantinssäule entfernt und bietet kostenfreies WLAN, so wie einen Express-Check-in u. Concierge-Service. Die Rezeption ist rund um die Uhr besetzt und es kann dort auch Geld gewechselt werden. Die sauber eingerichteten und klimatisierten Zimmer sind mit Kleiderschrank, einem Wasser-kocher, einer Minibar, einem Safe, einem Flachbild-TV und einem eigenen Bad mit einer Dusche. Im gut organisierten Hotel und dessen Zimmer steht alles bereit, selbstverständlich gehört da u.a. auch die frische Bettwäsche und Handtücher dazu. Auch an Kaffee- und Teezubehör wurde gedacht.

An der Rezeption fragte ich heute Abend, nach dem Einrichten auf meinem Zimmer, nur noch nach einem netten gemütlichen und traditionellen Restaurant in der Nähe des Hotels. Gerne wurden mir gleich mehrere präsentiert. Dazu gab es gleich noch einen Stadtplan und man erklärte mir die Sehenswürdig-keiten im Stadtkern, das sparte gleich noch Zeit für das evtl. warten am nächsten Morgen.

Im Restaurant bestellte ich mir Köfte, das sind pikant gewürzte Hackfleischbällchen, die mit unterschiedlichen Beilagen serviert werden und einen Salat. Die Köfte waren ganz frisch vom Grill mit Reis und Paprika, der Salat wurde aus kleinen Portionen verschiedener Gemüsesorten angerichtet. Dazu noch ein eiskaltes Bier und der Abend ist dein Freund.

Obwohl mein Hotel in der City lag, war es relativ ruhig, nur
der Muezzin (muslimischer Ausrufer) rief am frühen Morgen
zum Sonnenaufgang sein Gebetsgesang und der war klar und
deutlich zu hören. Die Nachtruhe war danach für mich vorbei.
Der Muezzin ruft die muslimische Gemeinde fünfmal täglich
zu bestimmten Uhrzeiten zum Gebet in die Moschee.

Nach der Morgentoilette lief ich zum Frühstück u. ich wurde
sofort bedient, aber zu dieser Zeit war ich auch der einzige im
Frühstücksraum. Es gab einen riesigen Korb mit unterschied-
lichen Brotsorten u. viele kleine Schälchen mit Paprika, Oliven,
Tomaten, mehreren Käsesorten, süßen u. pikanten Aufstrichen.
Ayran, gekochte Eier und allerlei Gewürze standen bereit.
Honig und Marmeladen wurden ebenfalls, in orientalischen
Gefäßen, den Gästen im Frühstücksraum dekorativ angeboten.
Freundlich wurde ich gefragt, wie ich gerne mein Omelette
hätte und gleichzeitig gute Vorschläge unterbreitet. Als guter
Deutscher nahm ich Omelette mit allem. Einen türkischen
Kaffee und ein Glas frisch gepressten Orangesaft trank ich
zu meinem leckeren Frühstück. Danach noch ein Glas Ayran.

Anschließend machte ich mich auf den Weg um die sechzehn
Millionen Einwohner zählende Metropole Istanbul auf dem
Wasserweg, durch eine längere Bootsfahrt, zu besichtigen.
An diesem Morgen, zu dieser Zeit, ist es sehr diesig und
deshalb wurden die Fotos leider nicht klar.

Istanbul hieß früher Byzantion und Konstantinopel und ist
die bevölkerungsreichste Stadt in der Türkei. Somit natürlich
deren Zentrum für Kultur, Handel, Finanzen und Medien.
Mit seiner gewaltigen Einwohnerzahl nahm Istanbul unter
den Metropolregionen einer der ersten Ränge der Welt ein.
Zu den vielen Einwohnern besuchen auch noch jährlich
über vierzehn Millionen Touristen aus dem Ausland und
Einheimische die Weltstadt.

Damit liegt Istanbul auf Rang acht der meist besuchten Städte der Welt. Ein ganz besonderes Merkmal der Stadt ist die Teilung auf zwei Kontinenten, denn Istanbul liegt am Nordufer des Marmarameeres auf beiden Seiten des Bosporus, also sowohl im europäischen Thrakien als auch im asiatischen Anatolien, zudem liegt sie auch noch auf dem Seeweg zwischen dem Schwarzen Meer und dem Mittelmeer. Aufgrund dieser weltweit einzigartigen Transitlage zwischen zwei Kontinenten und zwei Meeresgebieten, verzeichnet sie einen bedeutenden Schiffsverkehr u. verfügt über zwei große Flughäfen, sowie zwei zentrale Eisenbahn-Kopfbahnhöfe und zwei Fernbusbahnhöfe. Durch Tunnel u. Brücken werden die wichtigen Verkehrsknotenpunkte der Kontinente verbunden.

Istanbul wurde unter dem Namen Byzantion im Jahre sechshundertsechzig vor Christus gegründet. Somit kann die Stadt auf eine weit über zweitausendsechshundert jährige Geschichte zurückblicken. Als Hauptstadt diente sie über tausendsechshundert Jahre nacheinander dem Römischen, dem Byzantinischen und dem Osmanischen Reich. Die Bausubstanz wird von der gesamten Entstehungsgeschichte durchzogen und es gibt im Stadtbild Bauten der griechisch-römischen Antike, des mittelalterlichen Byzanz, sowie der neuzeitlichen und modernen Türkei. Dazu gehören u.a. Paläste, Moscheen, Cemevleri, Kirchen und Synagogen, so wie supermoderne vollverglaste Wolkenkratzer. Wegen ihrer Einzigartigkeit wurden Teile der historischen Altstadt von der UNESCO zum Weltkulturerbe erklärt. Im Jahre zweitausendzehn war Istanbul sogar Kulturhauptstadt von Europa.

Istanbul auf dem Wasserweg zu sehen ist auch für mich ein beeindruckender Anblick. Allein die Sophienkirche, die im Jahre fünfhundertzweiunddreißig bis fünfhundertsiebenunddreißig n. Chr. als byzantinische Kirche mit Rundkuppe gebaut und später als Moschee mit vier Minaretten umgebaut wurde.

Die Blaue Moschee, das Meisterwerk der osmanischen Baukunst gehört zu den berühmtesten Bauwerken der Welt und den meistbesuchten Sehenswürdigkeiten in Istanbul. Die Moschee steht in Istanbuls Altstadt, gleich neben der Hagia Sophia (Sophienkirche). Die Besichtigung der Blauen Moschee Sultan-Ahmet-Camii ist kostenfrei und kann außerhalb der Gebetszeiten besucht werden. Diese beiden gewaltigen und beeindruckenden Bauwerke habe ich mir später zu Fuß noch genauer von innen und außen angeschaut. Unweit davon steht der Topkapi-Palast, der ein großer opulenter osmanischer Palastkomplex aus dem fünfzehnten Jahrhundert ist und vierhundert Jahre vom Sultan bewohnt wurde. Heute werden dort noch Schätze aus der damaligen Zeit präsentiert.

Auf der Bootsfahrt ist auch der Dolmabahce Palast aus dem achtzehnten Jahrhundert zu sehen, in diesem residierte der Sultan u. verschiedene andere Herrscher nach dem der Topkapi Palast nicht mehr als Residenz genutzt wurde. Der gewaltige Palast ist mit vierzehn Tonnen Blattgold reichlich verziert, dort sieht man im Vergleich zum Topkapi Palast moderne Wohnräume des Sultans und seines Harems. Die Einrichtung des Palasts ist eine bunte Mischung aus der europäischen Palastkultur, angelehnt an Versailles in Paris u. der osmanisch-türkischen Baukunst. Natürlich sehen wir den Galataturm, der nördlich des Goldenen Horns seine Besucher mit einem wunderbaren Ausblick auf Istanbuls Altstadt u. den Bosporus anlockt. Dieser Turm ist ein perfekter Ort um sich einen ersten Überblick von Istanbul und seinen Sehenswürdigkeiten zu verschaffen. Für Besucher ist der Turm von zehn Uhr bis zweiundzwanzig Uhr von April bis November u. von zehn Uhr bis neunzehn Uhr im November bis April geöffnet.

Die Galatabrücke ist eine zweistöckige Zugbrücke und verbindet Istanbuls Altstadt mit dem jungen Stadtteil Beyoglu über das Goldene Horn.

Die geschäftstüchtige Brücke ist für dutzende Restaurants auf der unteren Seite der Brücke berühmt. Dagegen drängen sich auf der oberen Seite dieser Brücke die Angler und versuchen dort ihr Glück. Diese sind hier wohl recht erfolgreich, wenn man in die vielen gefüllten Kunststoffwannen und Eimer der Angler schaut. Kein Wunder, denn hier treffen zwei Meere über den Bosporus zusammen und die Abfälle der Stadt mischen sich auch noch dazu. So gibt es reichlich Futter für die Fische. Von hier aus findet man an der Südseite die Street-Food-Stände und an der asiatischen Seite die regelmäßig abfahrenden Fähren Istanbuls. Diese Brücke ist Dreh- und Angelpunkt der Stadt, an ihr führt kein Weg vorbei, sie verbindet Kulturen und führt über das Goldene Horn. Gerne wird die Galatabrücke als Fotoobjekt genutzt, weil damit bewiesen wird, dass man sich in Istanbul aufhält. Istanbuls Innenstadt lässt sich sehr gut von dieser Brücke aus über-blicken, da ist der Galata Turm, die Silhouette der historischen Moscheen auf den sieben Hügeln der Stadt, die ein unbeschreibliches schönes Bild der Ästhetik zeigen. Die vielen Angler, die an und abfahrenden Schiffe und das ganze bunte Gewimmel einer Großstadt steht hier im Wettstreit mit dem Geschrei der vielen Möwen. Achtzehnhundertfünfundvierzig wurde die erste einfache schwimmende Holzbrücke in Auftrag gegeben. Die heutige Konstruktion ist zum zwanzigsten Jahrhundert fertig gestellt worden. Die Stahlbrücke auf zwei Etagen führt drei getrennte Fahrbahnen mit großzügigen Bürgersteigen und der Tram in der Mitte, auf einer Breite von über zweiundvierzig Metern, die auch über die Nacht beleuchtet ist. Die vierhundertvierundachtzig Meter lange Brücke wurde vom Bauingenieurs Fritz Leonhardt, von einem gemeinsamen Bauprojekt unter Beteiligung der Firma Thyssen auf hundertvierzehn Betonpfeilern errichtet, die gewährleisten, dass die natürliche Strömung nicht blockiert wird und Schmutzwasser wieder aus dem Goldenen Horn abfließen kann.

Ein schönes Highlight ist der Mädchenturm, auch Kiz Kulesi oder Leanderturm genannt, dies ist ein ehemaliger Leuchtturm auf einer kleinen Insel nahe der Einfahrt des Bosporus. Für dreißig türkische Lira kann der Turm zwischen neun bis siebzehn Uhr, inklusive der Bootsfahrt, besucht werden. Alle fünfzehn Minuten starten die Boote von der asiatischen Seite aus Üsküdar, um den hundertfünfzig Meter von der Küste entfernten Turm zu besuchen, in dem sich ein Cafe mit einer einzigartig schönen Aussicht auf den Bosporus befindet.

Das Besichtigungsboot fährt dann in den Bosporus hinein, natürlich fallen mir sofort die drei gewaltigen Brücken über der Meerenge auf. Die Bosporus Brücke ist die älteste der drei Hängebrücken, die die beiden Kontinente Europa und Asien verbinden. Eigentlich heißt die Brücke seit dem gescheiterten Putschversuch im Jahre zweitausendsechzehn offiziell "Brücke der Märtyrer des fünfzehnten Juli", aber die meisten Istanbuler nennen sie immer noch mit ihrem guten alten Namen "Bogaz Köprüsü", nur Bosporus Brücke. Die fünfhundertzehn Meter lange Brücke wurde gebaut, weil der Schiffsverkehr zwischen den Stadtteilen Besiktas und Üsküdar nicht mehr ausreichte, um die vielen Menschen zu befördern. Neunzehnhundertsiebzig war der Baubeginn dieser Brücke, die mit einer Durchfahrtshöhe von vierundsechzig Meter konstruiert wurde, damit auch große Schiffe wie Flugzeugträger, Öltanker und Kreuzfahrtschiffe problemlos unter ihr passieren können. Drei Jahre später erfolgte die Einweihung der Mautpflichtigen Brücke, die auf sechs Spuren und mit zwei Notspuren für die reibungslose Verbindung in beiden Richtungen sorgt. Am Bau waren türkische, japanische und eine englische Firma sowie die deutsche Hochtief AG beteiligt.

Die zweite Brücke, die etwa fünf Kilometer von der ersten Brücke entfernt liegt, wurde mit dem Namen "Fatih-Sultan-Mehmet-Brücke" benannt und im Jahre neunzehnhundert-

achtundachtzig in Betrieb genommen. Die sechshundertsechzig Meter lange Brücke überspannt den Bosporus an der
schmalsten Stelle, um Europa mit Asien verkehrstechnisch,
über eine vierzig Meter breite Fahrbahn mit acht Spuren und
zwei Notspuren, zu verbinden. Maßlich ist diese Brücke der
ersten identisch.

Die dritte und neuste Brücke namens "Yavuz Sultan Selim
Brücke" hat eine Gesamtlänge von zweitausendeinhundert-
vierundsechzig Meter, eine Spannweite von tausendvier-
hundertacht Meter u. fast neunundfünfzig Meter in der Breite
und für eine zweigleisige Bahnstrecke plus einer achtspurigen
Autobahn, die im Jahre zweitausendsechzehn fertig gestellt
wurde. Dieses Meisterbauwerk hält mehrere Weltrekorde und
löst u.a. damit die bisherige Rekordhalterin in der Spannweite
mit Bahnverkehr in China ab. Mit dieser gigantischen Brücke
soll die alte Seidenstraße wieder neu belebt werden, denn es
können nicht nur Autos, sondern auch Züge darauf fahren.
Somit ist gewährleistet, dass Züge von Peking bis nach London
Fahren können und Waren von Ost nach West viel schneller,
als mit Schiffen, transportiert werden können. Alleine die Vor-
stellung, dass eine Hängebrücke fast fünfzig Meter breit ist und
ganze Züge darauf fahren können, ist unheimlich faszinierend.

Sehr lohnenswert ist auch die Besichtigung der Ortaköy
Moschee, so wie dem gleichnamigen Viertel, das unmittelbar
der Bosporusbrücke liegt. Es macht richtig Laune mit einem
kleinen Snack durch den kleinen Markt nahe der Ortaköy
Moschee zu spazieren, oder eine Kleinigkeit im Café zu
trinken und das bunte Treiben zu beobachten.

Istiklal Caddesi, die lange Einkaufsstraße verläuft wie eine
Pulsader durch den Hippen und jungen Stadtteil Beyoglu.
Sie ist am Tag die wichtigste Einkaufsstraße der Stadt und
in der Nacht das europäische Zentrum des Nachtlebens.

Zu den ikonischen Wahrzeichen von Istanbul gehört u.a. die alte rote Straßenbahn in der Istiklal Caddesi. In Beyoglu gibt es Stadtrundgänge zu den versteckten Sehenswürdigkeiten in der Istiklal-Straße und im Genießer Viertel.

Die alte und gewaltige Theodosianische Stadtmauer, mit einem dreifachen Mauerring und siebzig Meter breite, so wie einem zwanzig Kilometer langen Burggraben, schützte über tausend Jahre Konstantinopel (heutiges Istanbul) vor der Eroberung. Allein aus diesem Grund ist dies schon ein lohnenswertes Ausflugsziel. Der am besten erhaltene Teil befindet sich nahe dem Historischen Museum Panorama vierzehnhundertdreiundfünfzig, welches die Eroberung Istanbuls durch die Osmanen zeigt.

Die Rumelische Festung zusammen mit der Anatolischen Festung steht am schmalsten Punkt des Bosporus u. ist heute eine Erinnerung an die Geschichte von Istanbul und ein großartiger Aussichtspunkt.

Am südlichen Ende ist das Goldene Tor "Yedikule" mit seinen sieben Türmen der Landmauern am Marmarameer. Durch dieses Tor durften nur die Kaiser nach einem erfolgreichen Feldzug. Aktuell befindet sich eine Polizeikaserne in einem Großteil der Anlage.

Nur fünf Minuten vom Chora Kirchen Museum erreicht man zu Fuß den letzten byzantinischen Kaiserpalasts aus dem elften Jahrhundert, der einzige erhaltene Teil ist der Porphyrogennetos-Palast (Tekfur Palast).

Auf dieser großen Bootsfahrt gibt es viele historische Museen, Universitätsgebäude, tolle Villen mit Anlegeplatz für Yachten, moderne vollverglaste Wolkenkratzer, viele Prachtbauten und einiges mehr zu sehen, es hatte sich gelohnt.

Nach dieser Besichtigungstour quälte mich der Hunger und so lief ich zur Galatabrücke, um dort ein Mittagessen einzunehmen. Auf der zweiten Ebene gibt es ein Restaurant mit gutem gegrillten Fisch, den ich in einem langen Brötchen mit einem frisch gezapften Bier genieße. Oftmals sind die einfachsten Speisen die Besten. Natürlich bin ich noch nicht restlos satt, deshalb nasche ich immer wieder ein wenig Street Food an dem einen oder anderen kleinen Stand.

Zum Schluss besuche ich noch die wichtigsten Moscheen und den großen Basar in Istanbul, der über viertausend Geschäfte, dreißigtausend Arbeitsplätze sichert und über fünfhunderttausend Besucher täglich anlockt. Dies ist einer der lebendigsten Sehenswürdigkeiten in Istanbul, die es schon seit dem fünfzehnten Jahrhundert gibt. Dort werden Souvenirs und Waren wie Kleidung, Antiquitäten, Goldschmuck, Bücher, usw. angeboten. Es gibt nichts was es hier nicht gibt und falls doch etwas fehlt wird es schnell herbei geschafft. Das ist das reinste Paradies für Frauen, aber auch ich halte mich hier recht lange auf. Es dürfte auch kein Problem sein den ganzen Tag im großen Basar zu verbringen. Unterwegs kaufe ich mir noch geröstete Esskastanien, die ganz hervorragend schmeckten und unheimlich sättigen.

Am Abend kehrte ich etwas geschafft von den vielen schönen Eindrücken des Tages in mein Hotel zurück. Bevor ich schlafen ging bereitete ich noch alles am Motorrad für die Reise am nächsten Tag vor. Damit die Fahrt nach Pamukkale zu den Kalksinterterrassen entspannt angehen konnte.

Sechshundertvierunddreißig Kilometer Strecke habe ich vor mir, wenn ich mich von Istanbul bis Pamukkale nicht verfahre. Mein Navi meldet mir für die vorgeschlagene Route elf Euro neunundfünfzig Cent Mautgebühr.

Nach dem Frühstück starte ich die V-Strom und freue mich auf die lange Tagesetappe. Im Stillen dachte ich mir, heute laufe ich keinen Meter, denn gestern war ich in Istanbul ausreichend zu Fuß unterwegs.

Von Istanbul geht es ganz grob erst mal auf der Autobahn E5 Richtung Ankara, bei Atasehir wird auf die 0-4 gewechselt und dort fahre ich bis Gebze in Richtung Izmir auf der 0-5. Dieser folge ich ein paar Kilometer bis Gebze Orhangazi und wechsle danach auf die Autobahn E881. Auf der Straße geht es rund dreihundert Kilometer bis zur Abfahrt Akhisar D-565. Über die D-555 wechsel ich auf die D-585 in Richtung Kula, Usak, Denizli nach Alasehi. Dort biege ich auf die Landstraße und fahre über die Orte Ahmetli, Ada, Cesmebasi, Atatürk, Develi, bis Pamukkale. Die Strecke hört sich kompliziert an, aber es ist nicht so schwer sie zu finden, zumal es nicht so viele Verbindungsstraßen in diesem Teil der Türkei über Land gibt. Die Strecke ist interessant und abwechslungsreich zu fahren und verläuft immer schön in den grünen Tälern zwischen den Bergen. Auch wenn die reine Fahrzeit rund sieben Stunden betrug, machte es mir unheimlich Spaß mal wieder eine so lange und abwechslungsreiche Strecke auf dem Motorrad zu fahren.

Im gebuchten Hotel "Hotel HAL-TUR BOUTIQUE" in Pamukkale, das eine ganz ausgezeichnete Bewertung hat, bekam ich statt dem gebuchten Einzelzimmer ein Doppel-zimmer mit Blick zum Pool und auf die Kalksinterterrassen. Der Preis von vierzig Euro pro Nacht mit Frühstück blieb gleich. Der Check-In in dem kleinen Hotel war absolut super, denn es ging schnell, extrem freundlich und hilfs-bereit. Alles Wissenswerte über den Ort Pamukkale und seine berühmten Kalksinterterrassen wurde mir gleich beim Check-In erzählt. Das Hotel, mein Zimmer, usw. wurde mir persönlich gezeigt und mein Gepäck in der Zwischenzeit auf das Zimmer gebracht. Es gibt hier im familiengeführten Haus moderne Zimmer, kostenfreies WLAN und Parkplätze. Das Hotel befindet sich gegenüber den beliebten Terrassen von Pamukkale. Mein Doppelzimmer war sehr geräumig, mit Klimaanlage, Sat-TV und einer Minibar ausgestattet, natürlich mit einem Badezimmer, das den üblichen Standards entspricht. Es gibt eine Boutique, ein Whirlpool, einen großen Innenhof mit Swimmingpool, ein Kinderbecken, ein Innenpool, Fitnesscenter, so wie eine Sauna. Das Frühstück erfolgt in Form eines Buffets. Das Hotel wechselt sogar direkt Türkische Lira.

Nach der langen Motorradfahrt brauchte ich erst mal eine kühle Dusche, um mich zu erfrischen und wohl zu fühlen. Anschließend ging ich eine Kleinigkeit essen und dann schnell ins Bett, denn die Fahrt mit der schwarzen Motorradkleidung in der heißen und sonnenreichen Tageszeit kostete doch einiges an Energie.

Die Aussicht am frühen Morgen ist schon fantastisch, denn ich kann von meiner Unterkunft direkt auf den Hang der Kalksinterterrassen schauen. Dieser Anblick erinnert an ein traumhaftes schneeweißes Watteknäul aus Baumwolle und hat etwas Märchenhaftes an sich.

Zum traditionellen Frühstück bekomme ich in meinem kleinen Hotel ein leckeres Buffet mit verschiedenen Käsesorten, Wurst, Oliven, Tomaten, Gurken, Zwiebelstücke, verschiedene Marmeladesorten und Honig. Das Omelette wird mir frisch aus der Küche serviert und es schmeckt sehr würzig und entspricht genau meinen Vorstellungen. Zum Trinken gibt es Kaffee oder türkischen schwarzen Tee und Orangensaft. Das frische Brot, in Form von Weißbrotscheiben und Simit, das sind traditionelle türkische Sesamringe die hervorragend schmecken, gehören auch zum Buffet.

Der freundliche Chef des Hauses findet sich auch zum Frühstück ein und erzählt mir so einiges, über die Kalksinterterrassen, die historischen Ausgrabungen und dem archäologisches Museum am Ort, nämlich den Ruinen von Hierapolis in der Provinz Denizli.

Bereits um hundertneunzig vor Christus wurde die antike römische Bäderstadt Hierapolis gegründet. Schon damals war in der Stadt der westlichen Türkei das herabfließende heiße Wasser aus den Thermalquellen bekannt und galt zu dieser Zeit nicht nur als angenehm, sondern hatte auch eine heilende Wirkung. Dies blieb bis heute erhalten u. lockt jedes Jahr viele Touristen an. Das warme Thermalwasser hilft bei allerlei Krankheiten, so z.B. für Kreislauf, Rheuma- u. Herzkrankheiten, sowie Menschen mit Hautkrankheiten, denen durch das Baden in den heilenden Becken etwas Linderung finden. Die natürlichen Becken am Hang sehen nicht nur fantastisch aus, sondern bieten praktisch lauter kleine und größere Wannen in denen sich die hilfesuchenden Menschen erholen, entspannen und sogar medizinisch geholfen werden kann. Dies alles erkannten und nutzen schon die alten Römer und badeten sehr gerne in dem heißen mineralhaltigen Thermalwasser. Wo die Römer sich ansiedelten, da gab es natürlich auch jede Menge Kultur, deshalb erstreckt sich nicht nur der antike Pool über zwei Kilometer, sondern sind heute noch in den Ruinen ein gut erhaltenes Theater und eine Nekropole mit Sarkophagen, so wie viele Säulen und Bauelemente aus der römischen Zeit zu finden. Das heiße Wasser aus den Thermalquellen diente damals nicht nur zum Baden, sondern auch zur Färbung von Wolle. Die Weberei und der Textilhandel bildeten in der Vergangenheit die Grundlagen des Reichtums der Stadt. Aus diesen und weiteren Gründen war dieser Ort und die Umgebung u.a. bei den Römern sehr beliebt und jeder wollte von den Vorteilen profitieren.

Es fließen pro Sekunde zweihundertfünfzig Liter, dreißig bis vierzig Grad warmes Thermalwasser, mit zwei Komma zwei Gramm Kalk, das teilweise auf den Kalksinterterrassen abgelagert wird, über den großen weißen Hang hinunter. Theoretisch könnten damit maximal achtundvierzig Tonnen Kalk täglich abgelagert werden, real ist es deutlich weniger.

Weil dies alles so wichtig und bedeutend ist, stehen die Terrassen zusammen mit der oberhalb von ihnen gelegenen archäologischen Stätte der antiken griechischen Stadt Hierapolis auf der Liste des Weltkulturerbes der UNESCO.

Vor vielen Jahren durften die Besucher ganz frei über die schneeweißen Kalksinterterrassen mit dem Auto fahren, laufen, kletter und dort baden. Es entstanden fantastische Fotos für die Gäste, aber der Hang wurde u.a. durch das Betreten mit dem Schuhwerk stark verdreckt und aus dem schönen weißen Hang wurde ein braun-grauer Thermalwasser Hügel. Ebenso entstanden Hotels und Gebäude oberhalb des Hügels, die das saubere Thermalwasser abzapften und in ihre Poolanlagen der Unterkünfte zweigten, anschließend ihre Abwasser über den Hang mit den Kalksinterterrassen ableiteten u. somit auch zur Verunreinigung beitrugen.

Aus diesem Grund wurden die Häuser zurück gebaut und seit neunzehnhundertsechsundneunzig ist das "wilde Baden" in der Gesamtanlage und in den natürlichen Kalksinterterrassen verboten. U.a. mit Hilfe eines neuen Bewässerungssystems wurden die Terrassen wieder in ihren ursprünglichen Zustand zurück versetzt und sind inzwischen wieder schneeweiß. Besucher dürfen lediglich auf einer festgelegter Strecke barfuß nach oben laufen.

Natürlich gibt es immer wieder Gäste die sich über die Gesetze hinweg setzen und sich im Bikini oder Badehose in die natürlichen Kalksteinsinterbecken setzen und vor der Kamera posieren, um schöne private Fotos zu erhalten. Dann ertönt sofort die Aufsicht mit einer Trillerpfeife und scheucht die Gesetzesbrecher aus den Becken.

Um heute im geschichtsträchtigen und kristallklarem Thermalwasser baden zu können, gibt es das Kleopatra Bad. Von hier aus erhält man einen fantastischen Blick auf das Amphitheater und die Ruinen des Apollo Tempels. Für den Besuch des Bades bezahle ich fünfzig türkische Lira und darf mich dafür max. drei Stunden dort aufhalten. Zuvor kostet mich der Eintritt in die Gesamtanlage Pamukkale über dreißig türkische Lira und der Besuch des Museums nochmals fünf türkische Lira. Aber das bezahle ich gern, denn wann gibt es eine so tolle Badeanstalt und ein solches Naturschauspiel. Wichtig ist eine gute Kopfbedeckung und ausreichend Sonnencreme, damit die Haut bei diesen Temperaturen nicht zu sehr leiden muss. Natürlich auch nicht die Badehose oder den Bikini vergessen.

Mit dem ausgiebigen Besuch der Anlage in Pamukkale kann ich mir ganz entspannt den ganzen Tag Zeit lassen, nicht so wie die Besucher, die mit den Bussen als Tagesgäste spät ankommen und früh gehen müssen, weil sie schnell wieder in die Hotels nach Alanya oder in die Hotels der Umgebung zurück fahren müssen.

Am Abend speise ich gemütlich im Hotel u. überraschend präsentiert unser Gastgeber eine hübsche Frau, die uns den klassischen türkischen Bauchtanz in originaler Kleidung präsentiert. Herausgepickt werde ich, um allerlei Spaß auf der kleinen Bühne mit der Tänzerin mitzumachen. Das war ein tolles und lustiges Erlebnis für mich und für die Gäste.

Nach diesem schönen und entspannten Tag, bzw. Abend schlafe ich hervorragend und werde erst zum Frühstück wach.

Ausnahmsweise packe ich die V-Strom erst nach dem guten Frühstück, denn ich habe nur zweihundertfünfzig Kilometer nach Lara zu fahren , um mein Tagesziel zu erreichen.

Den E-Starter gedrückt und schon brummt der Motor meiner Suzuki V-Strom los u. läuft wie immer ruhig u. gleichmäßig. Es ist immer wieder schön auf so einem guten Motorrad zu sitzen und seine Strecke zu fahren. Die Landschaft werde ich heute besonders genießen können, weil nur eine relativ kurze Distanz von Pamukkale nach Lara zu fahren ist.

Von Pamukkale geht die Fahrt immer Richtung Antalya, zuerst zur Ortschaft Denizli und dann auf die D-585 und dieser Straße über Serinhisar, Acipayam, Cavdir folgen bis zum Ort Sögüt Cesme, danach auf die D-350 wechseln und über die Ortschaften Korkuteli, Kepez und Muratpasa bis Antalya fahren. Anschließend folge ich meinem Navi bis zu meinem gebuchten Hotel "Miracle Resort". Die Strecke ist sehr angenehm zu fahren u. die Landschaft setzt sich zumeist aus Bergen und Hügeln mit dünner grüner Vegetation fort, wobei die Straße üblicherweise zwischen der Berglandschaft in den Tälern verläuft. Der Belag ist ganz okay, die Straßen sind breit, aber meistens ohne Randlinien und verlaufen fließend übergangslos in das Erdreich oder auf Steine. Ab und zu überhole ich die Touristenbusse die von Pamukkale nach Antalya unterwegs sind, aber ansonsten ist diese Strecke zu meiner Fahrzeit relativ wenig befahren. Nach rund dreieinhalb Stunden reiner Fahrzeit erreiche ich mein Tagesziel.

Nach dem einchecken in mein gebuchtes und super modernes fünf Sterne Hotel "Miracle" reicht es mir sogar noch zum Mittagessen. Neunzig Euro kostet mich die Nacht mit All Incl..

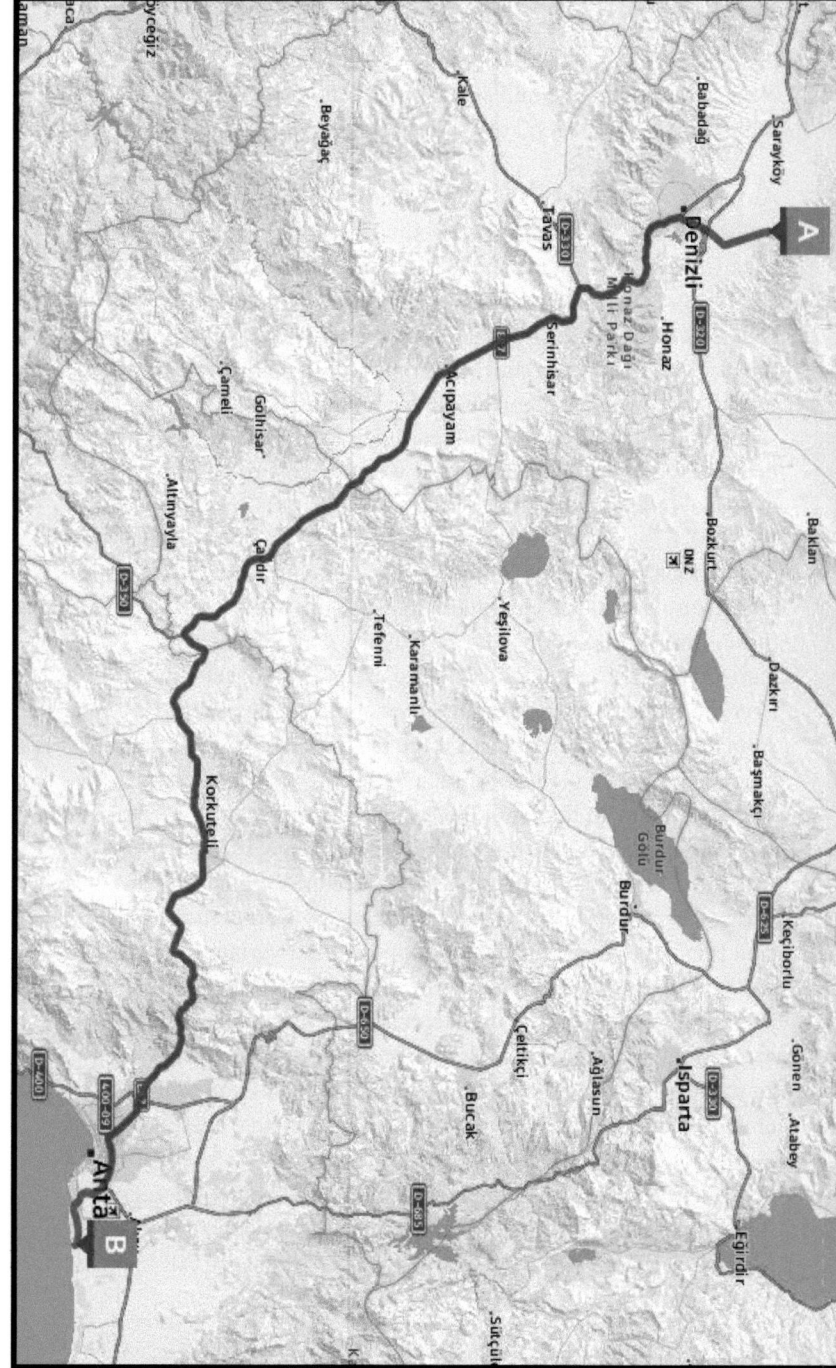

Auch hier erhalte ich statt dem gebuchten Einzelzimmer ein Doppelzimmer mit fantastischem Meerblick im obersten Stockwerk, selbstverständlich ohne Aufpreis. Mein Motorrad bekommt auch einen überdachten Parkplatz im Schatten, besser kann es nicht gehen.

Das Miracle Resort liegt direkt am Wasser und bietet einen Außenpool, einen Innenpool und einen eigenen Strandbereich mit kostenfreien Liegestühlen und Sonnenschirmen. Sogar dass Türkische Bad, die Sauna und WLAN in den öffentlichen Bereichen ist für meinen Aufenthalt kostenfrei. Die Zimmer im Hotel sind alle klimatisiert und mit Teppichboden, Sat-TV und einem großzügigen Balkon ausgestattet. Im Bad finde ich eine Badewanne, Dusche, Haartrockner, so wie kostenfreie Pflegeprodukte. Im Hauptrestaurant des Hotels nehme ich mein Frühstück-, Mittags- und Abendessen vom Buffet ein. Es gibt zudem noch drei A-la-carte-Restaurants mit mexik. u. türkischen Gerichten, sowie Meeresfrüchtespezialitäten. In den vier Bars kann der Abend, bei erfrischenden Getränken, genossen werden. Außerdem stehen den Gästen vier Tennisplätze, zwei Fußballplätze und ein Basketballplatz zur Verfügung. Um fit zu bleiben, auch nach der ganzen Völlerei, gibt es ein modernes Fitnesscenter, einen Massageraum und ein Spielezimmer. Für die jüngeren Besucher warten ein Spielplatz, zwei Kinderbecken und mehrere Wasserrutschen. Die Wassersporteinrichtungen und ein Zimmerservice sorgen für zusätzlichen Komfort. Die saubere, großzügige und schöne Poollandschaft und den gepflegten Privatsandstrand möchte ich ganz besonders hervorheben. Das All Inclusive Essen ist zu jeder Tageszeit nicht nur ein Augenschmaus, sondern auch geschmacklich und auswahltechnisch ganz hervorragend. Ebenso lobenswert ist der Cappuccino, den es an allen Bars gibt, so wie die anderen frisch gezapften Getränke. Dieses Hotel kann ich nur bestens empfehlen.

Antalya ist der Hauptort und dieser beinhaltet viele Stadtteile, einer davon ist Lara, der vor allem durch die vielen fünf Sterne Luxushotels bekannt ist. Hauptsächlich liegen am beliebten Strand von Lara die Gemeinden Lara, Kundu, Aksu und Muratpaşa die zur Provinz Antalya gehören. In Antalya mit seinen Stadtteilen leben über zweieinhalb Millionen Menschen, zudem kommen jährlich über acht Millionen Touristen hinzu.

Die Küstenstreifen um Antalya sind fruchtbar und klimatisch in bevorzugter Lage, so dass es sehr gute Ernten pro Jahr gibt. Es wird alles angebaut, was in einem mediterranen Klima möglich ist, das sind unter anderem, Getreide, Baumwolle, Arznei- und Gewürzpflanzen, Zierpflanzen, Schnittblumen, Feldfrüchte, Obst und Gemüse. Antalya besitzt rund fünfzig Prozent aller Gewächshäuser in der Türkei und erzeugt einen landwirtschaftlichen Überschuss von über fünfzig Prozent, der u.a. in die Europäischen Union geliefert wird, insbesondere in das Vereinigte Königreich, die Niederlande und Deutschland, so wie in die Vereinigten Staaten von Amerika. Aber auch in die Russische Föderation wird frisches Obst- und Gemüse exportiert. Auch im Fleisch- und Milchgeschäft ist Antalya stark vertreten, so ist z.B. der Hauptexportmarkt für Milchprodukte der Nahe Osten und die nordafrikanischen Länder, vor allem der Irak.

Der Fischfang und der Hafen in Antalya war ein wichtiger historischer Umschlagplatz. Der Stadtname folgt aus dem altgriechischen Attaleia, so wurde Antalya auch in der antiken und byzantinischer Zeit genannt. Die türkische Großstadt am Mittelmeer ist der Hauptort der fruchtbaren Küstenebene im Süden Kleinasiens, die seit der antiken Zeit als Pamphylien bezeichnet wird. Heute wird die Gegend wegen der langen Sandstrände auch gerne Türkische Riviera genannt. Die Altstadt von Antalya liegt größtenteils oberhalb einer Steilküste.

Die Stadtgründung von Antalya erfolgte im Jahre hundert-
neunundfünfzig- oder hundertachtundfünfzig vor Christus
von König Attalos II. von Pergamon. Er benannte die Stadt
damals Attaleia.

Heutzutage lebt Lara und somit auch Antalya zum größten
Teil vom Tourismus und macht damit einen gewaltigen
Umsatz. Viele Gäste kommen jedes Jahr aus dem Ausland,
wobei Deutschland hier den Spitzenplatz einnimmt.

Nach dem tollen Mittagessen genieße ich den Luxusstrand
und die Poolanlage, so gehe ich schwimmen und relaxe den
restlichen Tag. Natürlich bleibt dabei auch Zeit für die Bar,
denn wozu habe ich schließlich All Inclusive gebucht. Nach
dem Abendessen noch eine gemütliche Runde in der Sauna
und schon ist auch dieser herrliche Tag wieder vorbei.

Fast hätte ich das Highlight des Abends vergessen, denn
es gab drei wunderschöne türkische Bauchtänzerinnen,
die die Gäste mit einer dreißig minütigen Tanzeinlage
beglückt haben. Das Publikum war außer sich und ganz
besonders die Herren, die den schönen Frauen zuschauten.

Am nächsten Morgen wache ich, nach einem gesunden
Schlaf, glücklich und zufrieden auf und freue mich nach
dem Luxusfrühstück auf die anstehende Motorradausfahrt.

Vom Hotel geht die etwas längere Tagestour u.a. zum Grünen
Canyon. Die gefahrene Route beträgt über dreihundertsechzig
Kilometer, bei einer reinen Fahrzeit von sechseinhalb Stunden.
Um das Ganze zu genießen und immer wieder Fotostopps,
Besichtigungen und ein Mittagessen zeitlich einzuplanen,
ist ein Tag gut gewählt. Nach Manavgat Cayi kann abgekürzt
werden, wenn einem die gezeigte Tagestour zu anstrengend ist.

Aber es lohnt sich auf jeden Fall den grünen Canyon zu sehen, denn es gibt dort ganz fantastische wilde Schluchten, in denen sich der ungebändigte grünen Fluss durch das Gestein seinen Weg gebahnt hat. Die Felsformationen, die kleinen Steinbrücken u. der See auf dem es natürlich gemächlicher zugeht kann mit einer entspannten Schifffahrt abgerundet werden. Wer es sportlich mag, der sollte im Fluss des Canyon eine Rafting- o. Kajaktour vor Ort oder angemeldet unternehmen. Zum Mittagessen empfehle ich den leckeren Fisch in einem der Restaurants zu essen, denn der schmeckt wirklich gut.

Die Tour fängt im Hotel an und führt auf der Schnellstraße nach Manavgat, dort nach Selimli, Güzelayali, Kepezbeleni, Manavgat Cayi, Üzümdere bis Cevizli, dies ist der nördlichste Punkt. Auf dem Rückweg immer der großen Straße auf der östlichen Seite im Halbkreis bis Manavgat folgen und danach den gleichen Weg zum Hotel zurück fahren. Es sieht erst mal kompliziert aus, ist aber vor Ort sehr einfach zu finden. Bitte beachten, den nach Manavgat befindet man sich in einer sehr ländlichen Gegend, die Straßen sind extrem klein und winden sich um die Berge und Hügel, was als Motorradfahrer natürlich besonders viel Spaß macht, aber des Öfteren ist mit Ziegen, großen Hirtenhunden und dessen Besitzer auf der Straße zu rechnen. Also nicht in den engen unübersichtlichen Kurven heizen, denn es können die genannten Hindernisse ohne Vorwarnung auftauchen u. im Fall der Fälle, den ich keinem wünsche, ist mit schneller Hilfe hier nicht zu rechnen.

Das fantastische Panorama vom Taurusgebirge, auf dem auch im Spätsommer schon Schnee liegt, ist vom Oymapınar Staudamm oder dem grünen Canyon einzigartig. Auch das kristallklare Wasser des grünen Canyons und die bizarre, felsige und mit karger Vegetation bewachsenen Schluchten sind ein wahrer Augenschmaus. Ein wirklich herrlicher Tag, vor allem für Motorradfahrer und Naturliebhaber.

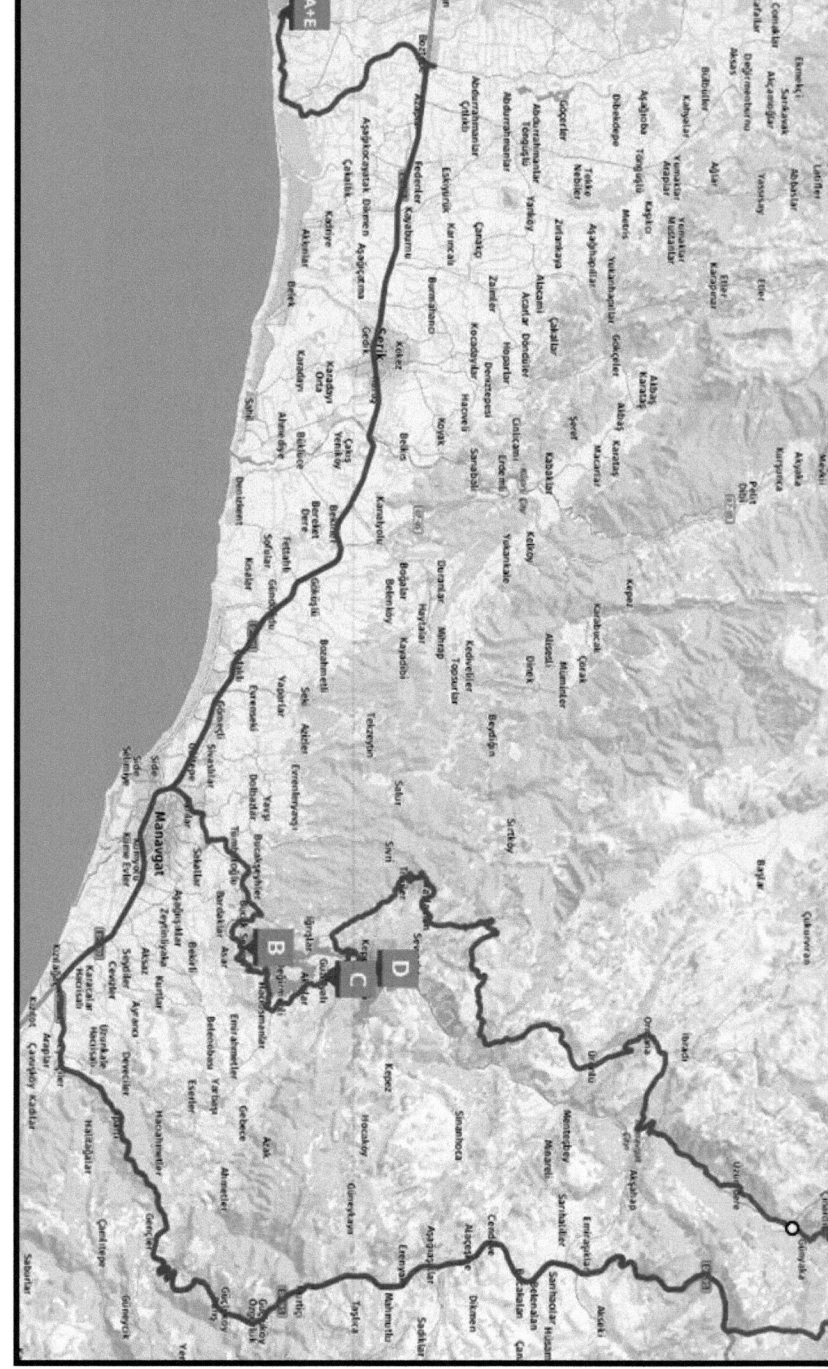

Wer sich Zeit nimmt, der kann auch einen Einblick in die Tierwelt im und um das Wasser erleben, denn es gibt hier einiges zu sehen.

Am späten Abend komme ich von meiner Motorradtagestour zurück, genieße noch das lecker Essen vom Buffet und ein paar frisch gezapfte Bier und dann geht es ab ins Bett.

Gleich nach dem guten Frühstück starte ich zur nächsten Unterkunft, nämlich dem fünf Sterne Hotel "Kamelya Selin" in der Stadt Side. Dazu fahre ich aus der Stadt Lara zur Ortschaft Boztene und biege nach rechts auf die Straße D-400. Auf dieser gut ausgebauten Straße fahre ich über die Orte Serik, Bekirler, Gündogdu und Colakli, dort biege ich rechts von der D-400 ab u. folge dem Navi bis zum Hotel "Kamelya". Für die fünfundsechzig Kilometer benötige ich weniger als eine Stunde Fahrzeit. So konnte ich schon lange vor dem Mittagessen einchecken und richte mich häuslich in meinem schönen Hotelzimmer ein. Von meinem Doppelzimmer mit Meerblick habe ich hier ebenfalls eine tolle Aussicht auf den Außenpool, den hellen Sandstrand und das blaue Mittelmeer. Auch in diesem Hotel bekam ich ein kostenloses Upgrade, vom gebuchten Einzelzimmer auf ein Doppelzimmer mit Meerblick. Hier kostet die Nacht fünfundachtzig Euro mit All Inclusive.

Das elegante Resort mit zwei Hotels und farbenfrohen Kuppelgebäuden liegt auf einem vierundzwanzig Hektar großen Grundstück direkt am Mittelmeer. Das gemütliche, freundlich eingerichtete Zimmer verfügen über einen Balkon, kostenloses WLAN, einen Flachbildfernseher, eine Minibar, sowie einen Tee- und Kaffeekocher und teilweise sind die Zimmer mit Meerblick. Im Bad habe ich eine Badewanne, Dusche, Haartrockner, so wie kostenfreie Pflegeprodukte. Es gibt fünf Restaurants, einen privaten Strandabschnitt u. zwölf Pools, davon sind einige mit Rutschen ausgestattet.

Zu den weiteren Angebot zählen eine Sauna, ein Fitnessraum sowie ein Spa-Bereich mit ayurvedischen Anwendungen. Für die ganz Kleinen gibt es einen Kinderclub mit Betreuung. Auf den Tennisplätzen darf jeder kostenfrei spielen und weitere Animationsprogramme wie Minigolf, Tischtennis, Dart, Fußball, Boccia, Schach, Volleyball, Wassersport und Spiele im Spieleraum stehen ebenfalls kostenfrei zur Verfügung. Auch Parkplätze am Hotel können von allen Gästen gratis benutzt werden. Was mich persönlich sehr gefreut hatte, war das enthaltene Angebot von namenhaften Whiskyherstellern im All Inclusive Paket. Auch in diesem fünf Sterne Hotel kann ich vorab schon mitteilen, dass das Essen abwechslungsreich, schmackhaft, in großer Auswahl und sehr dekorativ in Buffetform angeboten wurde.

Die kleine Küstenstadt Side mit ihren über elftausend Einwohnern ist eine sehr interessante Stadt, weil sie eine lange historische Vergangenheit besitzt und über vierundsechzig Kilometer lange schöne und breite Sandstrände, in ihrem Kreis Manavgat, vorzeigen kann. Side liegt rund sechzig Kilometer östlich von Antalya und somit in der südlichen Türkei. Ganz in der Nähe der Stadt mündet der große Fluss Manavgat Nehri in das blaue Mittelmeer. Side war eine Stadt in der antiken Landschaft Pamphylien und zählt zu den archäologischen Stätten, die einen besonders anschaulichen Überblick auf die urbane Infrastruktur einer antiken Stadtanlage bietet. Die historische Handels- und Wirtschaftsmetropole war jahrhundertelang eine wohlhabende Stadt mit bis zu vierzigtausend Einwohnern im gesamten Stadtbereich und liegt auf einer flachen Halbinsel.

Neunhundert nach Christus haben die Bewohner die Stadt verlassen und sind nach Antalya übergesiedelt. Dadurch blieb das Stadtgebiet rund ein Jahrtausend sich selbst überlassen, so das in dieser Zeit so gut wie nicht in die antike Bausubstanz eingegriffen wurde.

Die archäologischen Reste, die heute sichtbar sind, datieren in die römische bis byzantinische Zeitgeschichte. Der heutige Ort, der offiziell Selimiye genannt wird, wurde erst um neunzehnhundert von einer Gruppe muslimischer Auswanderer aus Kreta besiedelt. Die wissenschaftliche Untersuchung der Ruinenstätte begann ungefähr zur gleichen Zeit und blieb zunächst sporadisch, bis im Jahre neunzehnhundertsiebenundvierzig bis neunzehnhundertsechsundsechzig dann eine umfassende Grabung durch die Archäologische Abteilung der Universität Istanbul ausgeführt wurde. Zur Zeit liegen im Dorf etwa ein halbes Dutzend Grabungsflächen offen, unter anderem wurde ein großer Abschnitt der Kolonnadenstraße freigelegt. Im Zentrum der Ruinenanlage sind die Überreste eines Theaters aus dem zweiten Jahrhundert zu sehen, das in seiner Glanzzeit über fünfzehntausend Menschen einen Sitzplatz bot. Die gut erhaltenen weißen Marmorsäulen des hellenistischen Apollon-Tempels stehen in der Nähe des Hafens. In Side und dessen Umgebung gibt es weitere Ausgrabungsorte und im Museum der Stadt, einem schön restaurierten römischen Badehaus, werden zahlreiche gut erhaltene und besonders wichtige Fundstücke ausgestellt.

Die Gründung der Stadt Side erstreckte sich auf einer felsigen Halbinsel, die nach der mythologischen Überlieferung von Kyme aus im siebten oder sechsten Jahrhundert vor Christus besiedelt wurde. Der Stadtname Side bedeutet Granatapfel und das Wort kommt aus dem anatolischen Ursprung. Zur damaligen Zeit war dies ein bekanntes Fruchtbarkeitssymbol, das uns auf den Münzen der Stadt von der Frühzeit bis in die römische Kaiserzeit begegnet. Die auf Münzen und durch Inschriften belegte indogermanische Schrift spricht dafür, dass die Zahl der griechischen Siedler geringer war als in anderen Kolonien und sie deshalb ihre Sprache nicht durchsetzen konnten.

Die Anlage der Stadt und dessen Stadtplan von Side in der Antiken Rekonstruktion der Stadt zeigt, dass der Wohlstand u. das gesamte urbane Leben der Stadt auf drei grundlegenden Voraussetzungen beruhte. Das waren die Stadtbefestigung, die gegen Feinde von außen sicherte, der Hafen, der das Tor des Handels und der Kommunikation und damit Umschlagplatz für Waren und Nachrichten war, so wie die Wasserleitung, die eine reichliche Versorgung u. dadurch eine gute Ernte garantierte. Durch diese drei Grundlagen konnte sich die damalige Stadt, wie charakteristisch in der römischen Kaiserzeit, prächtig entwickeln. So entstanden gute und prächtige Straßen und Plätze mit Geschäften, Läden und Tavernen, Brunnen und Bädern, ein Theater, Sport- u. Bildungsstätten, so wie aufwendige Tempel und in der folgenden christlicher Zeit beeindruckende Kirchen. Weil es in der Nähe keinen Marmor aus Steinbrüchen gab, dieser aber für die wichtigsten Gebäude notwendig war, wurde er über den Seeweg herbei geschafft.

Die Stadtbefestigung von Side benötigt zur Wasser- und der Landseite eine starke Befestigung, wegen seiner flachen Lage. Die Landmauer, das Haupttor und das Osttor bildeten einen einheitlichen Befestigungsgürtel, von etwa einem Kilometer Länge im Nord- und Ostteil um die wohlhabende Stadt. Teile der einstigen Stadtmauer sind bis heute in ihrer ursprünglichen Höhe erhalten, durch das abtragen des Meeres oder entwendetes Baumaterial fehlen Teile der Stadtmauer.

Der Hafen von Side war ein Eckpfeiler des Reichtums der Stadt, der eine große Flotte aus Handels- und Kriegsschiffen aufnehmen konnte. Dies war auch auf den Münzen zu sehen, die aus der historischen Zeit stammen und Schiffs- und Hafendarstellungen auf der Prägung zeigten. In der nördlichen Bucht von Side konnten kleinere Schiffe mit geringem Tiefgang und Boote vor Anker gehen, nicht aber größere Wasserfahrzeuge.

Deshalb legten die Bürger von Side an der Spitze ihrer Halbinsel einen künstlichen Hafen an, um umfangreichen Seehandel mit größeren Schiffen zu gewährleisten. Sie gruben ein dreieckiges Becken im Meer und bauten davor eine Mole aus Steinblöcken, über die sie die Stadtmauer zogen. Es gab zwei Einfahrten und einen Leuchtturm. So entstand ein großes Hafenbecken, in dem bis zu dreißig Schiffe gleichzeitig längsseits am Kai zum und be- und entladen anlegen konnten. Bei der Nordwestspitze wurde durch weitere Molen ein zweites künstliches Hafenbecken mit einer Einfahrt geschaffen, das vermutlich vorwiegend als Kriegshafen genutzt wurde. Zur Zeit der Römer war Side u.a. ein Stützpunkt der römischen Kriegsmarine. Die Versandung des Hafens war der größte Feind und aus diesem Grund musste das Hafenbecken regelmäßig vom Sand befreit werden, denn nur so konnten die großen Handelsschiffe mit entsprechendem Tiefgang hier anlegen. Um Side herum gab es einige kleine Anlegestellen für die ortsansässigen Fischer und sogar Docks und Werften, um die vielen Schiffe instand zu halten, oder neu zu bauen. Die Hafenstadt befand sich an einem Kreuzungspunkt der damaligen Seehandelsrouten zwischen Kleinasien, Zypern, der Levante und Nordafrika. Nach Westen gab es von Side aus zwei Seewege, der eine ging an der Küste entlang, der andere quer durch den Golf zur Südspitze Lykiens, die man nur bei gutem Wetter riskieren konnte. Eine weitere See-route verlief von Side zur Nordwestspitze Zyperns, nach Kap Akamas, dies ist ein Teilstück der vielbefahrenen Seeroute von Side nach Alexandria.

Die wichtige Bedeutung des Hafens geht auch daraus hervor, dass er in der zweiten Hälfte des dritten Jahr-hunderts nach Christus als Nachschub- und Operations-basis für die römischen Truppen im Krieg diente.

Aus diesem Grund erhielt Side von den Römern den Ehrentitel "Nauarchis", der bedeutet "Herrin der Flotte".

Die gut erforschte Fernwasserleitung wird aus der Bauzeit Mitte des zweiten Jahrhunderts nach Christus angenommen. Aus der Dulamni-Quelle traten rund fünfzig Kubikmeter Wasser pro Sekunde aus und damit ist sie die stärkste Karstquelle der Welt. Die römischen Ingenieure schlossen eine Wasserleitung an diese Quelle, die heute vom Oymapinar-Stausee überdeckt wird. Damals wurde zum Transport des Wassers das natürliche Gefälle genutzt. Weil der Höhenunterschied zur Stadt nur sechsunddreißig Meter betrug und dies auf einer Luftlinie von fünfundzwanzig Kilometer, musste die Trasse auf möglichst direktem Weg gebaut werden, ohne weiträumige Hügel zu umrunden. Die römischen Bauingenieure schafften dies auf dreißig Kilometer Länge mit einem natürlichen Gefälle von eins Komma zwei Promille, dies war eine echte Meisterleistung der damaligen Zeit. Für die Umsetzung mussten drei Aquäduktgalerien über eine Schlucht anlegt werden und in die Felswand gemeißelte tiefe offene Rinnen geschlagen werden. Des Weiteren wurden dreizehn Kilometer als Tunnelstrecke ausgebaut, zudem waren mehr als zwanzig Aquäduktbrücken von zum Teil gewaltigen Ausmaßen erforderlich, um die Melas-Seitentäler und Senken zu überspannen. Noch heute sind viele dieser Bauwerke oder Bauelemente zu sehen. Ein intelligentes Verteilersystem wurde damals kurz vor den Stadtmauern angelegt, um auch die Stadt mit frischem Wasser zu versorgen und dies in großen Zisternen zu sammeln, so dass von hier aus die Bäder und Brunnen von Side mit gutem Trinkwasser versorgt wurden.

Die Tempelanlagen mit ihren Toren, Straßen, Gassen, Plätzen, Bädern, Theatern, Häusern, Grabanlagen und sonstigen Bauwerken sind hoch interessant, sprengt aber den Rahmen in so einem kleinen Reisebericht und deshalb wird darauf verzichtet.

Soviel sei aber dennoch dazu gesagt, die Anlage ist sehr interessant und teilweise noch sehr gut erhalten und es macht Spaß dies vor Ort zu erleben.

Am Tag der Ankunft inspizierte ich die Hotelanlage und die nähere Umgebung. Nutzte die Zeit um ein wenig am Meer und den vielen schönen Poolanlagen schwimmen zu gehen, so wie die Anlage mit den vielen Wasserrutschen zu testen. Selbstverständlich wurde die Bar getestet und die Liegen ein wenig ausprobiert.

Am zweiten Tag in Side schaute ich mir nach dem tollen Frühstück die schönen Ruinen und den historischen Hafen mit seinen Touristenbooten an, wanderte großzügig um die Stadt und dessen historischen Gelände. Dabei entdeckte ich das eine oder andere schöne Gebäude, wie zum Beispiel die Moschee mit den zwei Minaretten, die ich von außen und innen besichtigte.

In einer kleinen Grünanlage nahe dem Hotel entdeckte ich ein paar bildschöne große und kräftige Hunde, die mir ganz fantastisch gefielen. Alle Tiere hatten eine genietete Kunst-stoffmarke mit Nummern in den Ohren, so wie bei uns die landwirtschaftlichen Tiere, wie z.B. Kühe, Schweine, Schafe oder Ziegen. Ich erkundigte mich, was dies mit den Nummern im Ohr der Hunde auf sich hat und mir wurde erzählt, dass diese Tiere bei der Stadtverwaltung registriert sind und die Stadt sich um die Hunde kümmert, z.B. um das Futter o. die ärztliche Versorgung. Die Tiere können sich aber trotzdem frei in der Stadt bewegen und sind keiner Person direkt zugeordnet. Dann kamen zwei Hündinnen mit ihren Welpen durch eine Hecke gelaufen und ich war ganz fasziniert von den kleinen Rackern. Der freundliche türkische Mann, der mir alles erklärt hatte, sah mir dies sofort an und meinte, ich darf mir einen Welpen raussuchen und kostenfrei mitnehmen.

Vorsichtshalber fragte ich nochmals, ob ich dies alles richtig verstanden hatte und fragte meine Frau per Telefon, was sie davon hält, wenn ich mit einem Welpen nachhause komme. Meine Frau Silvia erinnerte mich daran, dass dies keine gute Idee ist, denn wir verreisen viel zu oft und wer kümmert sich dann um so einen großen Hund. Außerdem werden wir immer älter und so ein Hund der macht viel Arbeit und sie müsse dann noch mehr putzen, weil so viele Hundehaare im Haus umherliegen. So einen jungen Welpen hätte ich so gerne mitgenommen, aber wenn meine liebe Frau so dagegen ist, macht dies natürlich keinen Sinn. Schade dachte ich für mich, denn wir hätten diesem Hund ein tolles Zuhause geboten.

Am Spätnachmittag entdeckte ich gleich neben meinem Hotel einen Massagesalon. Sah mir die sauber geführte Preisliste an und fragte, ob dies wirklich zu dem Preis geleistet wird. Die junge Frau bejahte dies und so entschied ich mich kurzerhand eine Stunde massieren zu lassen. Dies war eine Ganzkörpermassage u. kostete gerade mal fünfzehn Euro. Erstaunt war ich über die saubere und gute Einrichtung in dem Salon. Sie entsprach unserem westlichen Standard und ich wurde sogar über eine Stunde von der jungen attraktiven Frau von Kopf bis Fuß massiert.

Danach lief ich zum Hotelstrand und schwamm eine große Runde im Meer, das war optimal, denn so wurde das natürliche Massageöl sehr biologisch von meinem Körper entfernt. Kurz noch was an der Bar nachtanken, und schon ging mein gutes Wellnessprogramm weiter, denn ich entschied mich in die Sauna und ins Hamam zu gehen. Nach diesem Wohlfühlpaket reichte es nur noch zum Abendessen an dem tollen Buffet und für ein Bier und ich war reif fürs Bett.

Nach einer sehr guten Nacht und einem super Frühstück mit allem was man sich vorstellen kann, startete ich meinen Tag.

Mit meinem Motorrad wollte ich ein paar Runden drehen und fuhr ein wenig in Side und Manavgat umher, so entdeckte ich an einer Anlegestelle in Manavgat eine Bootsfahrt zum Wasserfall von Manavgat. Kurz entschlossen stellte ich meine V-Strom ab und begab mich zur Anlegestelle. Dort wollte der Bootsmann zehn Euro für die Fahrt mit dem Boot zum Wasserfall und dem Eintrittsgeld. Das erschien mir recht teuer und so überlegte ich kurz. Der Bootsmann meinte, wenn ich sofort mitfahre kostet es mich heute nur fünf Euro. Ich sagte o.k. und sprang in das Motorboot und sofort fuhr das vollbesetzte Boot los. Das Wetter war nicht so toll an diesem Morgen, der Himmel war stark bewölkt, aber die Landschaft sah trotzdem sehr schön aus.

Alle sahen auf das Ufer oder den Fluss u. staunten über die Landschaft und das herrlich grün-blaue Süßwasser. Plötzlich gab es einen Ruck und die meisten Gäste fielen auf dem Boot hin, zumindest die, die sich nicht am Geländer des Kahns festhielten. Weil ich schon saß, konnte ich nicht weit fallen. Der Bootsmann teilte uns mit, dass er versehentlich auf eine Sandbank gefahren ist und versuchte das Boot wieder frei zu fahren. Er versuchte es mit Gewichtsverlagerung, mit viel u. wenig Umdrehungen des Verbrennungsmotors am Boot, aber nichts klappte. Nach zwanzig Minuten erfolglosen probieren, kam ein zweites Boot angefahren und wir mussten mitten auf dem Fluss umsteigen. Das Grinsen konnte ich mir nicht ganz verkneifen, denn irgendwie war es lustig, aber der Bootsmann tat mir auch ein wenig leid. Nachdem wir mit dem Ersatzboot in die Nähe des Wasserfall kamen, stiegen wir aus und liefen zu Fuß zum Wasserfall. Betrachteten alles, bzw. fotografierten und schon fuhren wir wieder zurück. Der Wasserfall sah schön aus, aber er ist eigentlich nur ein Absatz über die ganze Breite des Flusses.

Ein paar Gäste waren enttäuscht, ich fand die Ansicht ganz o.k. und für fünf Euro hatte ich nicht zu viel investiert.

Was mich ganz besonders gefreut hatte waren die vielen kleinen Sumpfschildkröten die am Flussufer beim Sonnen zu sehen waren oder im Wasser nach Nahrung suchten.

Zum Mittagessen war ich wieder in meiner Unterkunft und konnte das Hotel und dessen Annehmlichkeiten genießen. Nach ein wenig Faulenzerei und ein paar kleinen Runden schwimmen, lief ich am Strand entlang und beobachtete das Meer. Auf einer hölzernen Brücke über dem Fluss sah ich lauter Menschen die Brot ins Wasser warfen und Fotos schossen, da musste ich hin, um zu sehen was dort geboten wurde. Die vielen Menschen fütterten die Fische und ein paar riesige Sumpfschildkröten, die etwa eine Panzerlänge zwischen achtzig Zentimeter und ein Meter zwanzig hatten. Es waren um die sieben Tiere die immer wieder aufkreuzten, die Vorder- und Hinterbeine waren sehr kurz und mit breiten Flossen ausgestattet, der Kopf spitz und länglich. Auf dem Rückenpanzer und der Haut waren gelbe Flecken. Dies waren eindeutig Süßwasserschildkröten, die für das Leben im Wasser geboren wurden und nur zur Eiablage aus dem Wasser gehen. Wenn mich nicht alles täuscht kommt diese Art aus dem asiatischen und chinesischen Raum und man nennt sie Riesenweichschildkröte. Nicht zu verwechseln mit den kleinen europäischen Sumpfschildkröten oder den Kaspischen Wasserschildkröten, die klein sind und kräftige Füße mit Krallen besitzen, um immer wieder an Land gehen zu können, um sich zu sonnen und Wärme aufzunehmen. Diese Art der Schildkröten hatte ich zuvor in freier Wildbahn noch nie gesehen. Jedoch oft schon die in Europa und Asien, so wie Amerika vorkommenden Sumpfschildkröten, bzw. die Meeresschildkröten in den Ozeanen der Welt.

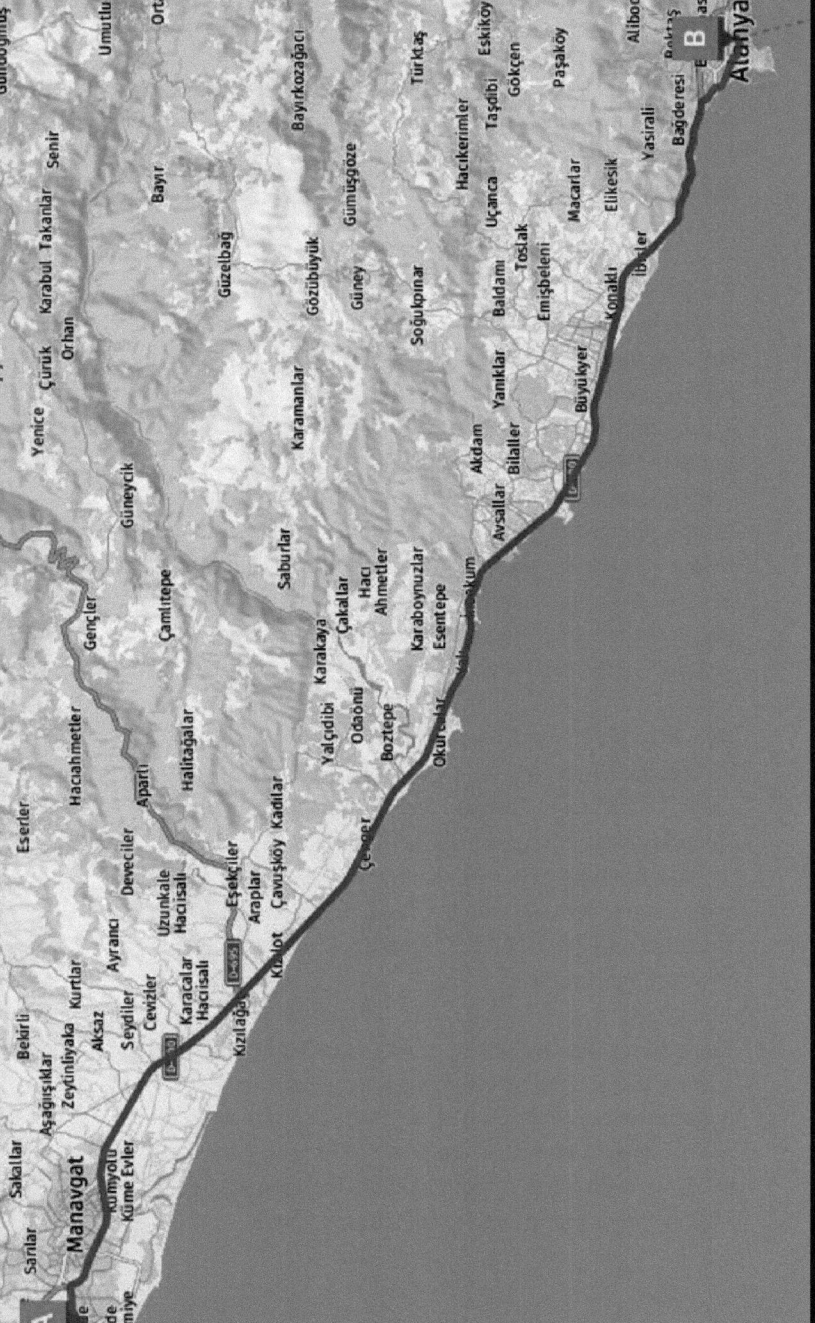

Am nächsten Morgen starte ich mein Motorrad, um zur Stadt Alanya zu fahren. Dies sind nur rund fünfundsechzig Kilometer und die Strecke verläuft auf der Straße D-400 direkt von einem zum anderen Ort, in südlicher Richtung, immer schön am Meer entlang.

Nach über einer Stunde Fahrzeit kam ich in Alanya an und stellte leider fest, dass ich meine gute Camera im Hotel vergessen hatte und deshalb keine Fotos schießen konnte. Den Kleopatrastrand habe ich besucht, den roten Turm und seine Festungsmauern, den Hafen mit seinen bunten Holzbooten und historischen Schiffen, so wie die "Blaue Grotte" und "Blaue Lagune" mit einer Bootsfahrt. Es war ein sehr schöner Ausflug und ich kann ihn nur jedem empfehlen, man sollte früh losfahren, um alles in Ruhe besichtigen und genießen zu können. Von dem langen Ausflug kehrte ich erst nachts zurück und war von den vielen schönen Eindrücken noch ganz platt.

Den letzten Tag an der schönen Küste in der Türkei verbrachte ich noch ganz entspannt im Hotel u. genoss mein All Inclusive dort und am eigenen Hotelstrand. Bereitete mein Motorrad für die Rückfahrt vor, in dem ich alle Wartungsarbeiten, den Sicherungscheck, die Kette prüfte und fettete, so wie den Tank füllte, Reifendruck einstellte und das Gepäck für die Rückfahrt auf meiner V-Strom befestigte.

Nach dieser wunderschönen Zeit in der Türkei fuhr ich in etwa die gleiche Strecke, nur in umgekehrter Reihenfolge wieder zurück. Es war eine schöne Erfahrung, die ich bei diesem fantastischen Motorradurlaub gemacht habe, weshalb ich bestimmt bald wieder eine große Motorradtour planen und unternehmen werde.

Widmung

Dieses Buch entstand, um von der Motorradreise von
Deutschland bis zur Türkei, an die Türkische Riviera zu
berichten. Auf der großen Tour wird ein kleiner Einblick
auf die wunderschönen Landschaften und auf alte Kulturen,
aus der Sicht eines Motorradfahrers gegeben. In der Hoffnung
und mit der Motivation, dass weitere Biker sich dies anschauen,
um selbst die tollen Straßen und Kurven zu fahren und
die Schönheiten der Motorradreise zu erleben.

Dieses Buch widme ich all den Motorradfahrern,
die gerne mit dem Motorrad reisen und immer neugierig
auf unsere schöne Welt sind.

Es wurde viel Freizeit gewidmet, die nötig war um dieses
Buch zu erstellen, deshalb geht ein großes Dankeschön
an meine kleine Familie und unseren Freunden.

Ein herzliches und liebes Dankeschön an Yvonne,
die mich durch ihre Wissbegierde und manche Anmerkung
motiviert das Schreiben fortzuführen und zweckdienliche
Hinweise einbringt.

Veröffentlichte Bücher von Wolfgang Pade